おでかけキモノ

小紋《こもん》

はじめに

とても便利なきものなのに、あまり知られていない「小紋」。その魅力を、もっとたくさんの方に伝えたい、もっと気軽に小紋を着こなしてほしい、という思いを込めて本書をつくりました。


小紋とは、どんなきものなのでしょうか？

小紋は、洋服で例えるならワンピースやスーツのような、フォーマルとカジュアルの間の〝よそゆき〟のきものです。

ワンピースやスーツで出掛けられる場所を考えると、小紋の着こなしの範囲が分かります。

例えば、平服で…と指定のある友人の結婚披露宴、ホテルでのお祝いの会や会合、入学式など、ある程度フォーマル感のある装いが求められる場面に、大げさ過ぎず、品を備えたよそゆきとして便利に着られます。お食事、お稽古、観劇、音楽鑑賞など、プライベートのお出掛けにも、おしゃれ着として活躍します。

また、ワンピースやスーツが、アクセサリーや小物類とのコーディネイトでフォーマル度をアップしたり、個性を演出して自分らしく装えるのと同じように、小紋も、袋帯、なごや帯、半幅帯など合わせる帯によって、さらに帯結びや小物の合わせ方次第で、装いの格や印象が変化し、着こなしのシーンも広がります。

小紋は、それを着る方、選ぶ方のセンス（感覚）にゆだねられる部分が

Preface

author_Reiko Shoji

大きい、自由度の高いきものです。ですから、自分らしく着こなせるし、コーディネイトも楽しいのです。着る方それぞれの、立場や目的、ライフスタイルに応じた小紋の着こなしがあります。

私の場合は、仕事できものが必要となり、はじめて揃えたきものが小紋でした。三十代の頃のことです。仕事では着付技術の撮影や、会合、会食の席、プライベートではお茶のお稽古や観劇など、訪問着や付下げを着るほどではないけれども紬では軽すぎる、そんな所へきもので出掛けることが多かった当時の私に、小紋はとても重宝しました。

小紋は、当時の私でも買えて、気軽に着こなせるきものでした。

さて、本書の作成に際しては、まず、何十枚もの小紋を集めることから始めました。

そうして集まった小紋一枚一枚の、色彩や文様、表現技法や素材の多彩さ、多様さには、改めて驚かされました。そこからさらに小紋をピックアップし、帯や小物をコーディネイトして、モデルさんに着こなしていただきました。きものは、衣桁に掛けて広げて見れば、まるで絵のように美しく、それを身に纏った姿も、動く姿も、また後ろ姿も美しい衣服です。六十点を超える小紋の装いを撮影しましたが、その装いからは、着てはじめて表れるそれぞれの小紋の魅力が伝わってきて、きものは着るもの…と、しみじみ実感いたしました。

きものというと、決まり事を気にし過ぎて敬遠されがちですが、夏のファッションとして定着している浴衣のように、小紋をファッションの一つとして考えれば、もっと気軽に、洋服感覚で、着こなしを楽しめるようになるのではないでしょうか。

CONTENTS

author_Reiko Shoji

■本書では、「染色の技法」「文様の意匠」「小紋の装い」という３つのテーマで、バリエーション豊かな小紋の魅力、多彩な着こなしを紹介しています。

■きものに限らず、装いには、それを着る目的があり、行き先（場所）があります。そこに集う相手を思い、自身の立場、周囲との調和を考えると、その場に相応しい装いが見えてきます。
■例えば、洋服の方が多い会場では、小紋と帯を同系色で組み合わせたり、飛び柄のモダンな印象の小紋を選ぶなど、周囲と違和感なく同席できる洋服感覚のコーディネイトが、着こなしのセンスを感じさせます。
■たくさんの小紋の中から、一枚の小紋を選ぶ…。それは、とても楽しい時間です。でも、一体どれがよいのか分からないという方もいらっしゃると思います。なかなか選べないという方は、「色」「模様」「布の風合い」など、優先する基準を決めておくと、案外、すんなりと自分に似合う一枚が見つかるかもしれません。小紋というと模様をイメージしますが、実際には色の印象が強いので、特にはじめての方は、色で選ぶのがオススメです。まずは自分に似合う色味、好きな色調の小紋をいくつかピックアップしてから、じっくりと、自分に似合う一枚を見つけていきましょう。

染色の技法

小紋の多様性を生み出す
多彩な染色技法

PART-1

photo(model)_Yukio Kogure,Kazutomo Nagasuka

二十年以上も昔の話になりますが、京都の友禅染めの職人さんを訪ねた時に聞いた『サジ加減』という言葉が、今でもずっと、耳に残っています。

その日のお天気の具合で、染めの調子を変える、その微妙なサジ加減が大切…というようなお話しだったと記憶しています。

それは数字では計れない、言葉や文字では伝えられない、長く続けてきたからこそ得られる感覚の技術、長年の経験で培われた勘所のようなもので、もちろん基本の技術は大切ですが、それだけでは表現できない奥の深さがあります。

【参考文献・資料】
日本の染織6「江戸小紋 _ 華麗な江戸の伝統美」泰流社発行
「伊勢型紙」伊勢型紙技術保存会 編
「日本の文様」北村哲郎 著　源流社 発行
「続・日本の文様」北村哲郎　源流社 発行
「日本の染物」北村哲郎 著　源流社 発行
「日本の織物」北村哲郎 著　源流社 発行
「日本服飾小辞典」北村哲郎 著　源流社 発行
家庭画報特選「きものに強くなる」世界文化社 発行
「すぐわかる 染め・織りの見わけ方」丸山伸彦監修　東京美術 発行
「日本の美術 _ 染織 _ 伝統工芸」北村哲郎 著　至文社 発行
「日本の美術 _ 文様」溝口三郎 著　至文社 発行
「織りと染めの歴史 日本編」河上繁樹・藤井健三 著　昭和堂 発行
「図説 琉球の染めと織り」児玉絵里子 著　天空企画 編　河出書房新社 発行
「いまに生きる伝統 _ ジャワ更紗」伊藤ふさ美・小笠原小枝 著　小学館 発行
「江戸事情 _ 第6巻 服飾編」NHK データ情報部 編　雄山閣 発行
「きもの _ 染め・織り・文様」吉田光邦 著　主婦の友社 発行

【取材協力】東京染ものがたり博物館（東京都新宿区）、有松・鳴海絞会館（愛知県名古屋市）

江戸の粋《いき》、匠《たくみ》の極《きわ》み。

「江戸小紋」の繊細で緻密な柄は、江戸時代の武士が着用した裃（かみしも）の柄に由来します。そのため、江戸小紋の名は、その当時からのものと思われがちですが、実際は、文化財保護委員会が、昭和30年に、江戸時代から伝わる小紋型染めの伝承者・小宮康助氏を重要無形文化財に指定する際、伝統的な技法による一色染めの精緻な柄の小紋を、京小紋などの他の多彩な小紋と区別するために、「江戸小紋」と名づけたのがはじまりです。なお、これと同時期に、伊勢型紙の型彫りの技術も重要無形文化財に指定されています。

Edo-komon is dyed in a single color. It's a pattern of small, repreated motifs.

●現在、東京都新宿区を流れる神田川と支流の妙正寺川の流域には、染色とその関連の11業種、約200名の関連業者があり、新宿の地場産業として、江戸以来の伝統を守り続けています。

▼行儀小紋＿喜多川歌麿『婦人手習拾二＿針仕事』より

小紋は、なぜ小さく、細かい「小紋」なのか？

小紋の代名詞ともいえる「江戸小紋」、その発達の裏には江戸っ子の心意気が…。

text_Hiroaki Shinohara　photo_Junichi Taguchi

裃から発達した！

「江戸小紋」という名称が「正式」に用いられるようになったのは、昭和30年、文化財保護委員会が、東京の地場産業である小紋型染めを無形文化財として指定する際に、京都や金沢の小紋染めと区別するために名づけたものです。それまでは、「小紋染」、「小紋型」、「鮫小紋」などと、いろいろな呼び方が用いられていましたが、あえて「江戸小紋」と命名したのは、江戸時代の武家社会の中で、独特の発展と完成を見たからに他なりません。

一般に小紋というと、「型紙を用いて染め」「糊《のり》で防染《ぼうせん》し」「細かな繰り返し模様が描かれた」着物のこと、あるいは、その染色法のことをいいます。

室町時代末期から桃山時代には、既に、この技法による帷子《かたびら》などが製作されていますが、本格的に技法が完成したのは江戸時代に入ってからのことでした。

いかに小さく、細かくを競い合った結果…

徳川幕府においては、裃《かみしも》が武士の礼装として用いられるようになりましたが、「裃小紋」といわれるように、その地紋《じもん》として小紋は発達していきました。

小紋の柄は、江戸の初期にはそれほど小さなものではなく、比較的大柄の文様であったのですが、中期になると技術の向上とともに、武士たちが競って小さな文様をあしらうようになりました。

武士同士で競っているうちはまだおとなしいものでしたが、いつしかそれが藩同士の意地の張り合いになり、他藩の者は使うことができない「お定柄《さだめがら》」とか「お留柄《とめがら》」などというものまで出来る始末でした。将軍家なら「御召十《おめしじゅうじ》」、紀州徳川家は「極鮫《ごくさめ》」という具合です。小紋の精緻《せいち》さも尋常なものではなく、間近に寄って目を凝らしてみなければわからないような、小さくて細かな模様ばかりになりました。

江戸時代も半ばを過ぎると政治的に安定し、戦争の起こる心配がなくなると、武士にも、服飾に気を遣えるだけの余裕が生れてきました。

しかし、そうは言っても武家の社会は基本的に質素倹約を重んじる世界ですから、好き勝手なおしゃれを楽しむわけにはいきません。控えめに、しかし個性を出すにはどうするかを武士なりに考えた末に行き着いたものの一つが、この小紋だったのです。
いかに小さく、いかに細かくを、いかめしい武士が真剣に競い合う姿には、狂気にも似た凄まじさを感じざるを得ません。

武家から町人へ…庶民文化が生んだ「いわれ小紋」

さて、それでは町人はどうであったか?古今東西を通じ、流行というものは水と同じで、高いところから低いところへ流れるといいます。服飾についても、公家や武家で流行したものは、いずれ庶民のもとに降りて来ましたが、小紋も例外ではありませんでした。

元禄以降、歌舞伎《かぶき》や能《のう》の衣裳に小紋柄が取り入れられたこと、また、武家の屋敷奉公に上っていた富裕な商家の娘が、宿下がりの際に小紋柄の着物を拝領したことなどを契機に、小紋は次第に庶民の間に広まっていったようです。

そして町人は、武家好みのものとは全く異なる小紋の世界を創り上げていきました。

繰り返し発令される奢侈《しゃし》禁止令により、華美なもの、武家と同じものを身に着けることを禁じられたこともありますが、それよりも、江戸っ子の反骨心とオリジナリティが、武家小紋の幾何学《きかがく》文様に飽き足らず、「庶民の小紋」、つまり「いわれ小紋」を生み出したのです。

博学で知られる、戯作者《げさくしゃ》の山東《さんとう》京伝《きょうでん》が「小紋雑話」という小紋のデザイン集を残していますが、草花、虫、動物、玩具《がんぐ》など、さまざまなモチーフが紹介されています。江戸の人々にとって(武家も庶民も)、小紋がいかに日々の生活の中に浸透していたかが窺《うかが》われます。

「粋」と「意地」の芸術

幕末に日本を訪れた欧米の知識人たちにも、小紋は独特の印象を与えたようです。

かのフォン・シーボルトらがその著書や日記で、小紋柄の精緻さと文様の多様さについて、驚嘆をもって記しています。「なぜこれほど細かいのか」、「なぜこれほど巧妙《こうみょう》なのか」、そして、それなのに「なぜこれほど地味なのか」ということが、彼らにとっては不思議で仕方がなかったようです。

しかし、これこそが江戸小紋の真骨頂《しんこっちょう》ではないのでしょうか。

世界でも例をみないような精緻な芸術でありながら、一見しただけではその価値が分からない。本物を見抜く眼を持った人が、じっと眼を凝らして見て初めて理解できる…。

徹底的に贅沢《ぜいたく》を禁じられていた江戸の市民がお上に対してささやかに抵抗する手立てとして、とびきり贅沢な小紋染めを、さりげなく無造作に身に着けていたのです。最上の絹を寝巻《ねま》きに用いたり、表着は木綿でも裏地に特上の小紋染めをあしらったり…。

江戸の小紋は、まさに江戸っ子の「粋《いき》」と「意地《いじ》」の結晶ともいえるものだったのです。

角通し(かくどおし)

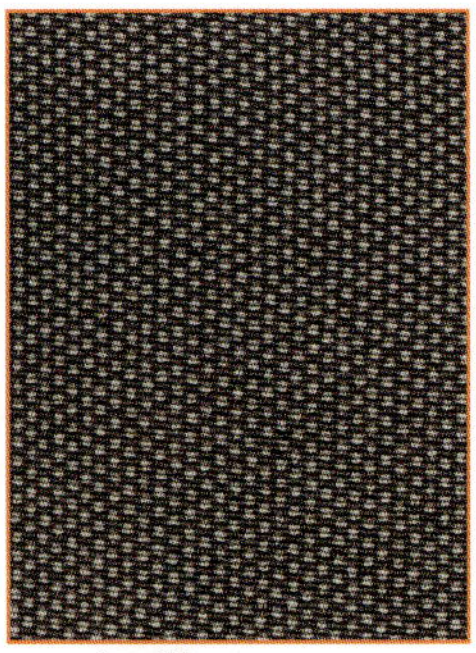
行儀(ぎょうぎ)

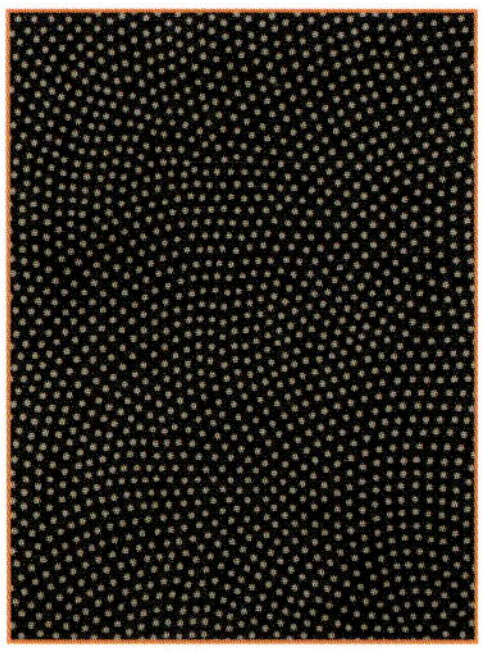
鮫(さめ)

江戸小紋三役(えどこもんさんやく)

錐彫り(きりぼり)の型紙から得られる柄の中でも、『鮫』『行儀』『通し』は、最も格調が高く、俗に「江戸小紋三役」「錐小紋三役」などといわれている。『通し』には、道具彫りまたは突彫りによる『角通し』も含まれ、江戸小紋を代表する格調高い柄とされている。これらの小紋は、武士の裃に由来する裃小紋である。

手仕事で染められる、
江戸小紋の粋とぬくもり

目糊を伸ばす作業はスピードが命。長板に張られた白生地に型紙をのせ、その上を目糊を伸ばすヘラがリズミカルに往復する。その昔、“型付”と呼ばれた江戸小紋専門の染め職人同様、現代の職人も、この“型付け”に細心の注意を払っている。

photo & text_Junichi Taguchi

01 長板に一反の白生地を張り付ける：白生地を長板にピーンと張り付けて型付け前の準備をする。長板一枚の長さは約７m、一反は女物で約 12 mあるので、長板表裏に一反が張り付くカタチとなる

02 長板の重さは何 kg ？：長板一枚の重さは約 40kg、細身の女性一人分の重さがある。型付け職人はそれをくるりと表に返したり、持ち上げて上の棚にあずけたりする

03 型紙の柄を合わせる：型紙に穿（うが）ってある、柄合わせをするための穴“星”を合わせて、型付けを進める。そのため、型付けは別名“型送り”とも呼ばれる

04 スピードと力加減：目糊（防染糊）の粘度や型紙の湿り具合など、時間が経てば変化してしまう材料が相手の型付け。ヘラを動かす動作は、スピードと共に、微妙な力加減も必要となる

職人の腕の見せ所「型付け」という作業

約7ｍあるという長板《ながいた》の中央部をリズミカルにヒョイと持ち上げては、クルリと返す…40kgもあるという長板を、職人さんはこともなげに扱います。

江戸小紋など、型染《かたぞ》めの染色《せんしょく》工程のなかで、職人のいちばんの腕の見せ所ともいうべき『型付《かたづ》け』は、一反《いったん》の白生地《しろきじ》を長板の表裏に張り付けてそこに型紙《かたがみ》を置き、防染糊《ぼうせんのり》をヘラで伸ばしていく、という手順で行われます。

一反の半分、つまり長板片面の糊置《のりお》きが済むと、先の要領で長板を裏返し、残りの片面に糊置きをします。

これら一連の作業は、とにかく時間が勝負とのことで、精緻な模様が彫り込まれた繊細な型紙の調子が狂わないうちに終えなければならず、型付けは、重い長板などを扱うことからも、以前は男性のみに限られた仕事でした。加えて、他の染色《せんしょく》職人とも区別するために、江戸小紋を染める職人を『型付《かたづけ》』と称したそうです。一方、女性がこの手の仕事を生業《なりわい》にする場合は、手描き友禅をやるのが専《もっぱ》らでした。しかし現在《いま》では、女性の型付も見られるようになりました。

型付けは時間との勝負

神田川のほとり、東京都新宿区西早稲田で染色業を営む富田染工芸も例外ではなく、ベテランの職人さんに混じり、若い女性の型付さんが、40kgの長板を一人で取り回します。

型付けに用いる型紙や糊《のり》など、湿度や温度にデリケートなものを扱う仕事場は、乾燥を促すエアコンは使用できず、夏は茹《う》だるような暑さの中、したたる汗を首に巻いたタオルで拭いながらの仕事が続き、冬はかじかんで感覚の鈍くなった指先に神経を集中しての仕事が続きます。

「型付けで大事なのは、ヘラのスピードと強弱です。型紙によっ

05 型付けに使う糊：糯米（もちごめ）、糠（ぬか）、塩（しお）を混ぜたもの。調合の割合は企業秘密

06 色糊：調合された地色糊は、ナンバリングされて常温保管となる。もちろんそのナンバーには、調合の割合や作業時の気温、湿度など、事細かなデータが添付されているに違いない

07-08 生地に塗り付け、試し染めをする：地色糊の調合は、試験染めをしながら慎重に進められる。テープ状にした白生地に調合した色糊を塗り、蒸し上げて発色を確かめる

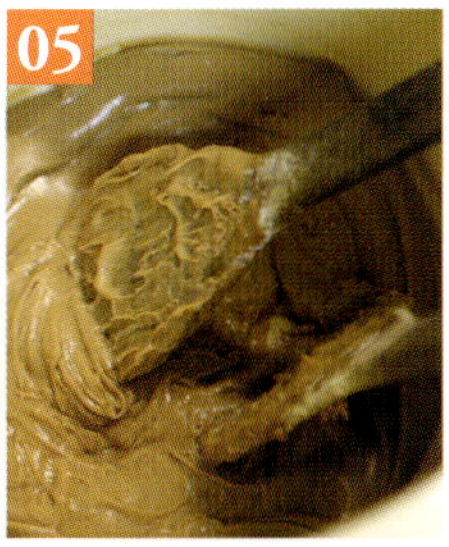

てもそうなんですが、その日の気温や湿度によっても、調子を変えないといけないんですよ」と、職人さんは云います。時間によって刻々と変化していく気温と湿度。それによって糊の粘度も変化し、型紙に均一に伸ばすには、ヘラの加減が必要不可欠となります。

また、型紙は型付けする前に水に浸け、シワなどを伸ばしておきますが、これも時間をかけて型付けしていると、伸縮してしまい、最初と最後では柄の大きさが微妙に異なってしまうということにもなりかねません。なるべく速い時間で型付けしなくてはならないという理由も、素直に頷けます。

糊の調合・色の調整

江戸小紋の型付けに使う目糊《めのり》(防染糊《ぼうせんのり》)や、生地《きじ》の染色《せんしょく》に用いる地色糊《じいろのり》を作る工程です。

どちらも主原料は、糯米粉《もちごめこ》に米糠《こめぬか》などを混ぜて蒸し、練《ね》ったもので、糊《のり》または元糊《もとのり》と呼ばれますが、配合が多少異なります。

型付けに使う目糊《めのり》(防染糊)は、糊に、生地が染まらないよう防染剤が加えられ、型付けの際の柄合わせがしやすいように、青い顔料(染料ではないので生地に染め付かない)で色付けされています。

一方、地色を染める地色糊《じいろのり》は、糊に染料を加えて作ります。染料は染め上げてはじめて、その色を発色します。試験染めをしながら慎重に作られますが、色糊《いろのり》の調整は、染色工程でも経験を要する重要な工程です。

いずれにしても、糊の調合・色の調整とも、型付と同様、その日の湿度や気温、また染料によって混ぜる割合が左右される、職人の勘だよりの作業といえます。

型付け工程を経て地色染め(=しごき)に

型付けで糊置きした生地に地色《じいろ》を入れる作業です。以前は生地に地色糊を置き、大きなヘラで均一に塗り付けていましたが、今では専用の機械でこの作業は行われ

10

09

11

14

12

13

ています。同時に地色糊を塗布《とふ》した生地にはオガクズが振りかけられ、次の『蒸《む》し』工程での生地同志の密着を防いでいます。

蒸しで染料の定着を促し水洗いして乾燥

『蒸《む》し』は、生地への染料の定着を促すために行われます。

生地に塗布した地色糊が乾かないうちに蒸気を噴出する室に入れ、摂氏90～100℃で、15～30分ほど蒸します。

蒸し上がった生地は、糊や余分な染料を落とすために『水洗い』し、張って『乾燥』させ、湯のしで整えて出来上がりとなります。

水洗いは、昭和38年までは神田川で行っていたそうですが、現在は地下水を汲み上げて水を噴射する、特注の糊落とし機械を使用しているそうです。

水洗いした反物は乾燥し、湯のしして幅を整え、一反の江戸小紋ができあがります。

東京染ものがたり博物館

実際に染めの体験をしながら（要予約）、染色の技法や作品を見ることができる。＊開館時間／午前10時〜午後4時＊休館日／土日（ただし工房は第3土曜日のみ公開）＊入場料無料

〒169-0051 東京都新宿区西早稲田3-6-14
☎ 03-3987-0703

13 室（ムロ）で蒸して色を定着：室（ムロ）の内部は上下二段になっていて、底部より蒸気が噴出する。天井は、蒸気の滴が生地に落ちないよう、屋根のように角度がつけられている

14 蒸し上がり：蒸し上がった生地を室より取り出す。室の扉を開けると、内部の蒸気が一気に放出され、もうもうと立ち籠める灼熱の蒸気の中での作業が続く

15-17 水洗い：水洗いも昭和40年頃より機械化された。それまでは目の前の神田川で行っていたそうだが、河川の水質悪化を理由に出来なくなったという

09 地染め：昭和40年頃から機械化されたという地色染め。この機械の導入により、地色糊を塗布する作業とオガクズを振りかける作業が同時に行えるようになった

10 地色糊：地色糊を入れた樽。その日に染められる分の地色糊が、染める生地と順番を合わせて、機械脇に置かれている

11 地色糊の塗布：機械化する前までは、型付けのようにヘラで伸ばされていた地色糊も、機械化以降はローラーで伸ばされるようになった

12 おかくず：次の“蒸し”の工程での生地の密着を防ぐ

17

15

16

『江戸小紋』という名称を生むきっかけとなった、時の型付名人、小宮康助さんを重要無形文化財技術保持者（人間国宝）として制定する際、小宮名人は「それは型紙彫りの職人にやってくれ」と云ったといいます。

型付と型紙彫り、両者の信頼関係が『江戸小紋』という江戸文化の一つの美の究極形を、この世に誕生させました。

世代や時代を越え、そうした目に見えない職人同志の深遠な信頼関係は連綿と受け継がれ、今日も、型染職人は額に汗してヘラを動かし続けています。

▲いろいろな小紋柄を段々に型付けして染めた江戸小紋（文様アップ／p.10）

江戸小紋

えどこもん

精緻な柄を彫り抜いた型紙一枚で染める一色染めのきもの。一色の濃淡ですっきりと染め上げたシンプルで粋な小紋で、紋をつければセミフォーマルにも着こなせます。

ぼかし染めの技法を併用して染めた鮫小紋／江戸小紋三役の一つに挙げられる「鮫」小紋を、ぼかしの技法で、裾を淡く、腰から胸、肩にいくに従って段々に色が濃くなるように染めた江戸小紋。一ツ紋を付け、帯も金地の袋帯を合わせて、格調高く着こなしたい。

「江戸小紋《えどこもん》」の繊細で緻密な柄は、江戸時代、武家の間で最も広く着用されていた『裃（かみしも）』の柄に由来します。

裃《かみしも》は、肩衣《かたぎぬ》と袴《はかま》が共布であることから上下《かみしも》と呼ばれ、『裃』の字が生まれました。江戸時代の武士は、殿中《でんちゅう》に出仕する際は袴の丈が短い半裃を、また式日には、お目見え以上は袴の丈が長い長裃を着用しました。つまり裃は、現代のビジネススーツに相当する、武士の通勤服でした。なお礼装とされた麻裃は、半裃、長裃とも、麻地の紋付小紋染めでした。

江戸小紋は、その成り立ちから、武士の裃《かみしも》に由来する「裃小紋」と、町人文化から生まれた「いわれ小紋」に分けられます。

裃柄の小紋は、一ツ紋を付ければ一ツ紋付きの色無地と同格となり、セミフォーマルにも着られます。中でも、「江戸小紋三役《さんやく》（小紋御三家《ごさんけ》）」といわれる「鮫《さめ》」「行儀《ぎょうぎ》」「通し《とお》」は、錐《きり》彫りの型紙から得られる柄の中でも、最も格調が高いとされています。

また、縞《しま》彫り（引き彫り）という技法で彫られた型紙（筋型《すじがた》ともいう）で染める極めて細かい縞柄《しまがら》（万筋《まんすじ》、毛万筋《けまんすじ》、微塵筋《みじんすじ》など）は、「別格小紋」と呼ばれ、江戸小紋の中でも格別に扱われます。というのも、単純でありながら極めて繊細な縞柄は、型紙を彫るのも、型付《かたづけ》にも、高い匠《たくみ》の技が要求されるためです。

町人文化から発達した「いわれ小紋」は、日常の生活用具や縁起物《えんぎもの》、お目出度《めでた》い文字や物などを模様とした小紋です。留柄《とめがら》、定《さだ》め柄として各大名に占有されていた裃柄《かみしもがら》を何種類も寄せ集めてコラージュした小紋柄もあったということで、洒落《しゃれ》や風刺《ふうし》好き、機智に富んだ江戸庶民の生き生きとした生活が感じられます。

ちなみに江戸小紋は、型紙一枚で染める一色染めのきもので、本来、染めに使う色は、「朱」「古代紫」「茶」「紺」のたった四種類。近年は、型紙数枚を用いたり、数色で染めたり、色のバリエーションも豊富になっていますが、シンプル&シックこそ、まさに江戸の粋。都会的で洗練された着こなしを楽しめる、シンプルモダンな小紋です。

江戸時代の武家男子の服制：

武家男子の服装には、束帯（そくたい）、衣冠（いかん）、直垂（ひたたれ）、狩衣（かりぎぬ）、大紋（だいもん）、布衣（ほい）、素襖（すおう）、裃（かみしも）、羽織袴（はおりはかま）があり、身分や役職、儀式の内容や軽重に従って着用されていました。

武家独自の服制は直垂以下で、直垂は武家最上位の礼服でした。狩衣は四位、五位の礼服、大紋は五位の大名と諸大夫の礼服、布衣は無位無官であるがお目見え以上の礼服、素襖は無位無官のお目見え以下の者の礼服でした。

裃は、武家の間で最も広く着用されていた通勤服のようなもので、通常、殿中に出仕する際は半裃を、式日にはお目見え以上は長裃を着用したということです。

◀▲松葉小紋柄の裃・肩衣〈上写真〉と長袴〈左写真〉：（東京国立博物館蔵／江戸時代・18世紀）

京型友禅

きょうかたゆうぜん

何枚もの型紙を用い、友禅染めの技法で染めていきます。「京小紋」「京型小紋」ともいわれ、はんなりと雅びやかな京の都を思わせる、多彩で華やかな模様が特徴です。

晴れ着として重宝する京型友禅／色彩鮮やかな京型友禅の小紋は、晴れ着としても重宝します。若い方は、標準よりも袖の長さを長めにとると、華やかで若々しい印象になります。きものは、袖の長さの微妙な調節で、身長や年齢、好みに合わせたオシャレを楽しむことができます。

京友禅《きょうゆうぜん》の流れを汲んだ、華やかで色彩豊かな小紋で、江戸小紋に比べると、柄も大きく優雅です。晴れ着として、お正月や結婚披露宴、パーティーなど、華やかな席にも重宝します。

京都で染められる小紋にも、江戸小紋と同様に、武士の裃柄《かみしもがら》を一色で型染めしたものがありますが、江戸小紋に比べると色彩が華やかで優しく、どこか京の都の雅《みやび》を感じさせるものが多いようです。

＊

「京型友禅」の多彩で艶《あざ》やかな染め色は、一つの模様（図案）を、何枚もの型紙を使って染めることから生まれます。染色に際しては、寸法の長い友禅型《ゆうぜんがた》と呼ばれる型紙が用いられ、模様の色数によっては、何十枚もの型紙が必要になるといいます。

この型紙を使った友禅染め（※）の技法は、明治時代、小さな刷毛《はけ》や筆で染料を塗っていく『挿《さ》し友禅《ゆうぜん》』の名人だったという広瀬治助氏が考案したものだそうです。元々は略式のきものである小紋に用いられていましたが、近年は、型染めの訪問着や振袖にも、型友禅の技法が用いられています。

※友禅染《ゆうぜんぞ》め

きものの染色技法《せんしょくぎほう》の一つで、創始者である江戸時代の扇絵師《おうぎえし》・宮崎友禅斎《みやざきゆうぜんさい》の名にちなんで、『友禅染め』と呼ばれています。

友禅斎は、友禅糊《のり》とも呼ばれる糸目糊《いとめのり》（糯米《もちごめ》と糠《ぬか》と塩を混ぜたもの）を考案し、多彩で華やかな模様表現を可能にしました。模様の輪郭線に沿って糸目糊を置くことで、糸目糊が防染剤《ぼうせんざい》の役割を果たし、色を挿す際に隣り合った色が混じり合うのを防ぎ、まるで日本画のように多彩な染め模様を描けるようになったのです。

この技法を、友禅斎自身が加賀藩《かがはん》（石川県）の城下町・金沢に持ち込んで、独自の発展を遂げたのが「加賀友禅《かがゆうぜん》」です。色調は、加賀五彩《ごさい》といわれる臙脂《えんじ》、黄土《おうど》、古代紫《こだいむらさき》、草緑《くさみどり》、藍《あい》の五色が基本です。京友禅に比べて写実的な模様が多く、「虫食い葉」模様は、加賀友禅の大きな特徴です。そして京小紋と同様に、型紙を用いた染色にも友禅染めの技法が取り入れられ、加賀友禅のソフトで優しい色柄を基調とした「加賀小紋」が生まれました。

なお、加賀小紋にも、江戸小紋と同じ手法で染められる一色染めの小紋もあります。

三大友禅：

宮崎友禅斎が創始したといわれる「友禅染め」。「京友禅」が最も有名ですが、これに「加賀友禅」、「東京友禅」を加えて、三大友禅と呼ばれています。文様のモチーフ、色彩、構図にそれぞれの特徴があり、一般的に、京友禅が最も華やかで優美です。対して東京友禅は寒色系の色彩で江戸解き模様等を描いたシックな印象のものが多く、友禅染めにも『京の雅、江戸の粋』が表れています。

▲模様の輪郭線を金で彩色したもの。京友禅は、文様の中を濃く、外を淡くぼかすことが多い

▲模様の輪郭線が白く染め抜かれるのは、筒描きで輪郭線を描く友禅染めの特徴の一つ（糸目糊で輪郭線を防染するため）

▲友禅染めの黒振袖：雲取り模様に秋草や舟を描いた、まるで一枚の絵のような盛夏用の黒振袖

更紗

さらさ

幾何学模様や動植物、人物などを、鮮やかな色彩で描いた異国情緒溢れる「更紗」染めの小紋は、バリエーションも豊富。おしゃれ着として幅広く着こなせます。

更紗小紋／淡いピンク地に可憐な花々を表わした更紗模様の単衣（ひとえ）の小紋です。バリエーション豊かな更紗の小紋は、幅広い年代層に人気があります。帯の文様としても人気が高く、世界各地の更紗染めを楽しむ方法の一つとして、染帯に仕立てるという方法もあります。

「更紗《さらさ》染め」は、インド、ジャワ、ペルシャなどを起源とし、幾何学《きかがく》模様や動植物、人物などを鮮やかな色彩で描いた、異国情緒溢れる布地で、日本には、室町時代末期（16世紀後半）に、南蛮貿易によってもたらされました。

日本で生産される更紗は、その模様や技法をアレンジして、日本のきものなどに取り入れたもので、「和更紗《わさらさ》」と呼ばれています。江戸時代には、京都、堺（大阪）、長崎、鍋島（佐賀）などを中心に日本各地で生産されていました。なお、外国から輸入された更紗は、「渡り更紗」と呼ばれます。

「更紗染め」は、本来は木綿地に染められるものでしたが、次第に、絹布など他の布地にも染められるようになり、現在では、様々なファブリックに染められています。

インド更紗、ジャワ更紗、ペルシャ更紗、中国更紗、オランダ更紗、ロシア更紗、フランス更紗、イギリス更紗、そして和更紗など種類も多く、世界各地で生産されています。

ちなみにヨーロッパで生産される更紗も、日本の和更紗と同様に、インド、ジャワ、ペルシャなどからそれぞれの国に伝えられ、発展したものです。

＊

更紗模様は、手描き、型染め（型摺《かたず》り）、臈纈《ろうけつ》染めなどの染色技法を用いて、染められます。

例えば「江戸更紗」は、型紙を用いた『型染め（型摺《かたず》り）』で模様を染めていきます。模様の輪郭を染める『糸目摺《いとめず》り』、模様の内側を染める『目色摺《めいろず》り』、模様の背景を染める『地色摺《じいろず》り』の3工程があり、何枚もの型紙を使用し、丸刷毛で染料を摺り込んでいき、模様を表わします。

また「鍋島《なべしま》更紗」では、模様の輪郭は『木版《もくはん》摺り』で黒く染めて強調し、模様の内側は、型紙を使って刷毛で染料を摺り込む『型染め』で模様を染めていきます。『木版摺り』は、模様を彫った木版（木型）をスタンプや版画のように用いて、布に模様を写しとる染色技法で、インド更紗などに見られます。

01

03

04

02

01 長崎・出島：鎖国により外国との交流を閉ざした日本に於いて、唯一、海外に対して開かれた入口が出島であった。現在、その一部が復元され、一般公開されている

02 渡り更紗：出島を通して、江戸時代、17～18世紀にかけてインド産のものが多く輸入された。19世紀になると、イギリスの進出による東インド情勢の変化により、オランダ産の更紗がもたらされるようになる

03 和更紗：渡り更紗を模した日本産の「和更紗」が全国で生産され、独自の発展を遂げる

04 インドの更紗：インド、タール砂漠の入口にある町、ジェイプールの強い陽差しに、天日干しされた更紗の美しい模様が映える。ここから南16kmにあるサンガネールの村は染物の里として有名

紅型／藍型

びんがた／あいがた

「紅型《びんがた》」は、沖縄を代表する伝統的な型染めのきものです。「藍型《あいがた》」は「藍染型《あいぞめがた》」ともいい、型紙を使って藍で染めた小紋の総称です。「阿波藍型《あわあいがた》」「琉球藍型《りゅうきゅうえーがた》」などがあります。

紅型の小紋／典型的な紅型のイメージとは少し異なり、シックな印象の紅型の小紋ですが、紅型の基本的な色「赤」「黄」「青」「緑」「紫」が使われています。帯は、ペルシャ風の花模様を刺繍した辛子色（黄）の名古屋帯を合わせ、紫の帯〆、帯揚げをコーディネイトしました。

「紅型《びんがた》」は、沖縄を代表する伝統的な染色技法で、「琉球紅型《りゅうきゅうびんがた》」と呼ばれます。その起源は十五世紀頃にまで遡り、琉球王朝の保護の下、中国、朝鮮、日本（本土）、東南アジア各地の染織とも交流しつつ発展し、南国沖縄独自の染色技法として、十八世紀頃に完成したといわれています。

「紅型」は、赤、黄、青、緑、紫を基調とした、南国風の明るく鮮やかな色彩が特徴の、型染めのきものです。型紙を用いない糊引《のりひき》（ヌイヒチャー／筒描）の技法もあります。

紅型の「紅《びん》」は色全般を指し、「型《かた》」は型紙を指しているといわれ、花や鳥、貝殻などの模様を彫った型紙を用い、糊置きをした後、刷毛で色を付着させます。かつては身分によって使用できる色や柄が決められており、黄色地の紅型衣装の着用は、尚《しょう》王家一族のみに許されていました。紅型の衣装自体が、王族や上流階級にのみ着用を許された衣装であり、庶民は「藍型（エーガタ）」と呼ばれる藍《あい》染めのきものを着ていました。

「藍型《あいがた》」は、日本で古くから染料に用いられてきた「藍《あい》」で型染めした小紋の総称です。紅型の一種とされる沖縄の藍型《エーガタ》も、呼び方は異なりますが藍型《あいがた》といえるでしょう。

「藍」の染料は、藍の色素を含む含藍《がんあい》植物から作られます。日本には、タデ科の蓼藍《たであい》の他、アブラナ科の大青《たいせい》、キツネノマゴ科の琉球藍《りゅうきゅうあい》などがありますが、世界中には、最も有名なマメ科のインド藍をはじめ、50種類以上の含藍植物があり、そのため「藍染め」は、世界各地で古くから行われてきました。日本では徳島県の「阿波藍《あわあい》」が有名で、その品質の高さから正藍《しょうあい》と呼ばれ、他の地域で生産される藍と区別されていました。

藍染めは、『蒅《すくも》』や『藍玉《あいだま》』に加工した原料を、甕《かめ》の中で『藍建《あいだ》て』して染料にし、そこに糸や布を浸して染めていきます。天然染料の藍は、空気に触れて酸化することで鮮やかな青に発色します。「藍瓶《あいがめ》（染料）に浸けては引き上げ、軽く絞って干す」の繰り返しで、藍はだんだんと濃い藍色に染まっていきます。

01

02

03

01 黄木綿地垣菊雲牡丹尾長鳥模様琉球紅型衣裳（東京国立博物館蔵／19世紀）：花や鳥を、紅型らしい鮮やかな色彩で型染めしたもの。絵羽模様でなく、総柄の繰り返し模様（小紋柄）になっている

02 絹紅梅織、藍型の小紋：突き彫りで彫られた伊勢型紙で型付けし、藍で染めたもの

03 蓼藍（たであい）：阿波の藍の染料は蓼藍から作られる。材料となる植物は、世界に50種類以上あるという

たたき染

たたきぞめ

「たたき染」は、色糊や染液、ゴム液、熱した蝋《ろう》などを、刷毛《はけ》で何度もたたいて布に蒔《ま》くことで、まるで粉雪を散らしたような、粗《あら》い点描風《てんびょうふう》の模様を表わす染色技法です。

ポイント柄のたたきの小紋／衽（おくみ）に「桔梗の花」がさり気なく描かれた薄紫色の優しい印象の小紋。同系色でまとめたコーディネイトですが、帯〆、帯揚げなどの小物は濃い紫色を選んで、色のトーンでメリハリを…。優雅で凛とした気品を感じさせる装いです。

「たたき染」は、色糊《いろのり》や染液《せんえき》、ゴム液、また蠟《ろう》などを、刷毛《はけ》で何度も叩《たた》いて布に蒔《ま》き、全体に粉雪を散らしたような点《てん》描《びょう》風の模様を表わす染色技法です。

「蠟《ろう》たたき」は、蠟を防染剤《ぼうせんざい》とする臈纈《ろうけつ》染めの技法の一つで、熱した蠟を刷毛につけ、生地を叩くようにして布に蒔き、その上から地染《ぢぞ》めすることで、蠟を蒔いた部分が白く抜け、点描模様が表れます。

防染糊や色糊を、同様に刷毛で叩いて染めたものは「糊たたき」と呼ばれます。色糊で叩けばその部分に色がつき、防染糊を使えばその部分が白く抜けます。

これら「たたき染め」に似た点描風の模様を表わす染色技法に、「蒔糊《まきのり》」があります。「蒔糊《まきのり》」は、乾燥させて細かく砕《くだ》いた糊の粉を、濡らした生地の上に蒔き、その上から地染めしたものです。糊を落とせば、蒔いた防染糊の所が白く抜け、点描風の模様が表れます。

その他、「吹《ふ》き染め」「落とし染め」「蠟吹き染め」などでも、たたき染めに似た、点描風の模様を表わせます。

「吹き染め」は、霧吹《きりふ》きやスプレー（噴霧器《ふんむき》）を用い、染料液を霧状にして生地に吹きかけ、たたき染めよりも繊細な点描を表わすものです。「落とし染め」は、染料等を含ませた刷毛や筆を、金網にこすりつけて生地の上に散布する染色技法です。「蠟吹き染め」は、蠟を散布したものです。

「吹き染め」や「落とし染め」は、「たたき染め」に比べて粒子が細かく、より繊細な点描模様となり、ぼかしの効果が得られるため、一般には「ぼかし染め」の一種とされています。

01

01 点描画で有名なスーラの代表作『グランド・ジャット島の日曜日の午後（Sunday Afternoon on the Island of la Grande Jatte）』：点描画を用いた画家として知られるジョルジュ・スーラ（1859-1891）は、光と色彩の調和や、形態による構図の技術を追求した。その成果を表現した同作品は大きな話題を呼び、新印象派が誕生した

02

03

02 蠟たたき（ろうたたき）：
臈纈染め（ろうけつぞめ）で、「たたき染」と「中国風の文様」を市松に配した個性的な柄の小紋。円に白黒で陰陽を表わした「太極図」は、中国の宇宙観、万物生成の神秘を図にしたもの。「雲板（うんばん）」は中国の青銅製の楽器で、禅宗の寺で合図に使う、ドラのような役割のもの

03 蒔糊（まきのり）：
全体に蒔糊を施したきもの地に、金糸などで梅を刺繍したもの

しぼり染

しぼりぞめ

「しぼり染（絞《しぼ》り染）」は、古代からある染色技法の一つです。染色せずに白く残す部分を、糸で括《くく》ったり、縫《ぬ》い締《し》めたり、また、板などで強く挟むなどして防染し、染料に浸《ひた》して染めることで（浸《ひた》し染《ぞめ》）、凹凸《おうとつ》やシワの残る独特の模様が表われます。

絞りで幾何学的な模様を表わした小紋／正式なフォーマルにはなりませんが、晴れ着として、お正月やパーティー、友人の結婚披露宴などに着こなせます。

凹凸やシワを残して立体的な模様が描かれる「しぼり染」は、古代からある染色技法の一つとされ、愛知県名古屋市の『有松《ありまつ》・鳴海絞《なるみしぼ》り』、京都府京都市の『京鹿《か》の子絞《こしぼ》り』、岩手県盛岡市の『南部絞《なんぶしぼ》り』などが有名です。

＊

日本の絞り生産量の内、90％以上を占めるといわれる『有松《ありまつ》・鳴海絞《なるみしぼ》り』の産地である有松の町は、徳川家康が江戸に幕府を開いてまもない慶長13年（一六〇八）、竹田庄九郎らによって開拓されました。竹田氏は、慶長15年の名古屋城築城の際、築城に参加していた豊後《ぶんご》（現在の大分県辺り）の人が着ていた絞《しぼ》り染の衣服や手拭《てぬぐ》いを参考に、三河木綿《みかわもめん》で豆絞《まめしぼ》りの道中《どうちゅう》手拭いを染めて売り出しました。尾張藩《おわりはん》は、この有松の絞り染を藩の特産品として保護し、竹田氏を御用商人に取り立てたことから、『有松《ありまつ》・鳴海絞《なるみしぼ》り』四百年の歴史が始まります。

産業として発展させることを目的に生まれた『有松《ありまつ》・鳴海絞《なるみしぼ》り』は、図案の決定から型彫《かたぼ》り、絵刷《えず》り、絞り加工、染色、糸抜き、そして仕上げまで、全て専門職の手を経て分業で行われます。

有松の絞り加工の技法は、「縫《ぬい》絞り」「巻上《まきあげ》絞り」「鹿《か》の子《こ》絞り」「板締《いたじ》め絞り」「桶《おけ》絞り」「三浦《みうら》絞り」「蜘蛛《くも》絞り」「筋《すじ》絞り」「嵐《あらし》絞り」など、百種類にも及ぶといわれます。技法によって加工方法と道具が異なるため、分業化され、専門の括り手による手作業で、一粒一粒を丹念に括りあげていきます。同じ柄を作っても、絞る人の力加減と染色で微妙な差が生まれ、独特の風合いに仕上がります。

『京鹿《か》の子絞《こしぼ》り』は、主として、「疋田《ひった》絞り」と「一目《ひとめ》絞り」の技法で模様が表わされます。染め上がりが、子鹿《こじか》の背の斑点《はんてん》模様に似ていることから「鹿《か》の子《こ》」と呼ばれ、きもの地全体に鹿《か》の子《こ》模様を施した華麗な総《そう》鹿の子《こ》絞りのきものは、括るだけで一年掛かるといわれる、大変贅沢な一着です。

『南部絞《なんぶしぼ》り』は、鎌倉時代より伝わる素朴な絞り模様などを、紫草《むらさきぐさ》の根から抽出される染料で染めたもので、「紫根染《しこんぞめ》」とも呼ばれています。

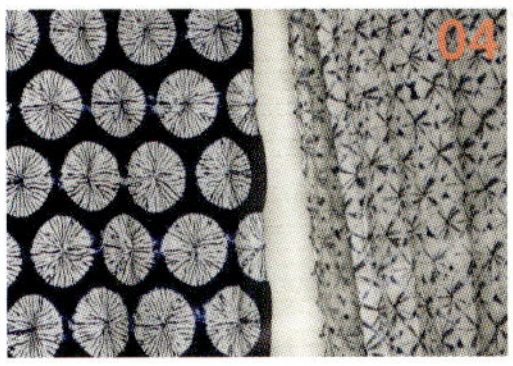

01 有松 三浦絞り：豊後の医師、三浦玄忠の夫人が国元で覚えた括り絞りの技法を有松に伝授した。その名にちなんで三浦絞りと呼ばれる

02 有松 縫絞り：縫杢目（ぬいもくめ）、唐松縫（からまつぬい）、つまみ縫い、合わせ縫など多彩な技法がある

03 有松の街並：塗籠造（ぬりかごづくり）、瓦葺（かわらぶき）の町家が軒を連ね、「ありまつ」と染め抜かれた絞り染の暖簾（のれん）が観光客を迎え入れる

04 有松絞りの唐松縫（左）と蜘蛛絞り（右）：有松絞りは本来、木綿に絞り加工し、藍で染めた

05 京鹿の子絞り：疋田絞りの技法で括り、染めたもの。染め残りが四角く、その中に点があるのが特徴

「有松・鳴海絞会館」：絞り製品や資料の展示、販売、絞り染の実演・体験が行われています。
〒458-0901 愛知県名古屋市緑区有松町橋東南 60-1　☎ 052-621-0111

段ぼかしの小紋／縦の目がくっきりと表れた生地に、グリーン、茶、紫、オレンジなどの色を段々に配し、境界線の一部をぼかして染め上げた「段ぼかし」の小紋に、同系色のぼかし織の袋帯をコーディネイト。帯〆の鮮やかなブルーが、全身をキリッと引き締めます。

ぼかし染

ぼかしぞめ

「ぼかし染」は、刷毛《はけ》を使う「引き染」や、布を染料に浸して染める「浸《ひた》し染」などの技法で染められます。やさしく柔らかな風合いが特徴で、「裾ぼかし」「段ぼかし」「まきぼかし」「遠山《とおやま》ぼかし」「霞《かすみ》ぼかし」など、いろいろなぼかしの表現があります。

「ぼかし染」には、刷毛《はけ》を使う「引き染め」や、布を染料に浸《ひた》して染める「浸《ひた》し染め」、また、霧《きり》吹きやスプレーで霧状の染料を布に吹きつける「吹き染め」、染料等を含ませた刷毛や筆を金網《かなあみ》にこすりつけ、生地の上に散布して、微細な点描模様を表わした「落とし染め」などがあります。

「ぼかし染」は、振袖や訪問着などの絵羽模様のきものの背景として、奥行きや文様の繋がりを表現し、また文様を美しく効果的に浮かび上がらせるための表現技法としてよく用いられ、また、長襦袢やきものの裏につける八掛《はっかけ》にもよく見られます。優しく柔らかな風合いは、ぼかし染めの特徴の一つです。

＊

「ぼかし染」は、ぼかし模様の表わし方によって、様々に呼び分けられます。

色合いを段々にぼかした「段ぼかし」、縦にぼかした「縦ぼかし」、文様が浮き立つように背景に染めた「まきぼかし」、裾から緩やかにぼかしていく「裾ぼかし」などは、代表的なぼかし表現です。

その他、遠くに霞《かす》んで連なる山々を表わした「遠山《とおやま》ぼかし」、霞《かすみ》のかかった景色を表わした「霞ぼかし」、靄《もや》がかかった景色を表わした「靄ぼかし」など、多彩なぼかしの表現があります。

遠くに見える山々、朝焼けや夕焼けの空、どこまでも広がる青く美しい海と空…色と色が途切れることなく自然に変化する「ぼかしの美」は、自然の景色の中に溢れています。しかし残念なことに、自然の中にある色のグラデーション（ぼかし）は、刻々と変化し同じ姿を留《とど》めません。

きものに表わされた「ぼかし染」による美しい色のグラデーションは、永くその姿を留《とど》め、身に纏《まと》う毎《ごと》に、再びその姿を現します。

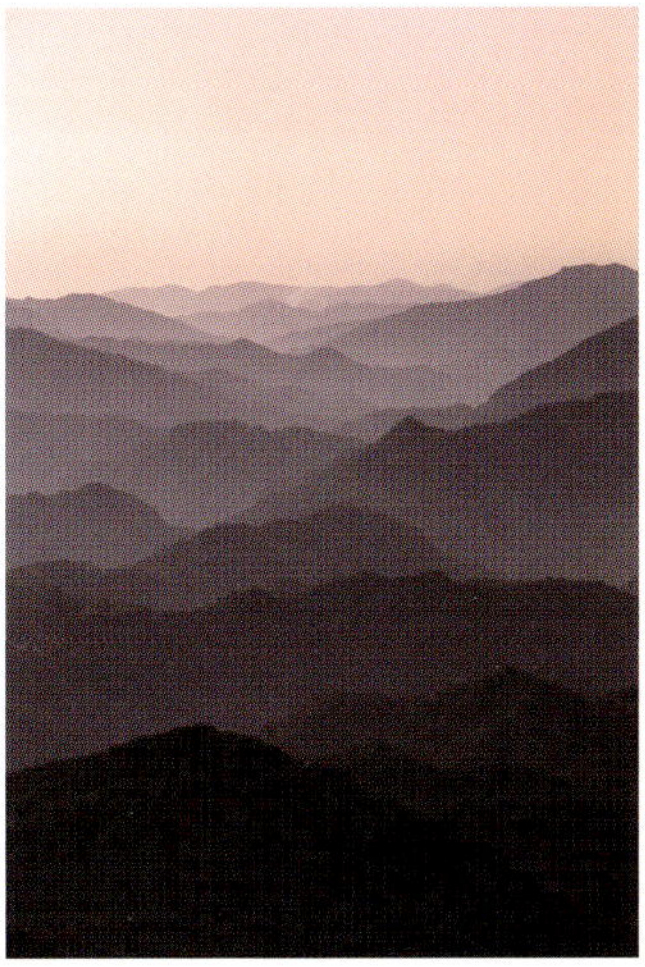

▲ぼかしの袋帯：お太鼓に結んだ時、お太鼓部分に縦のグラデーション（ぼかし）が入る織の袋帯

▲ぼかしの入った文様：
鮫小紋柄の雪輪と花文様の背景に入れた、丸いぼかしが、文様を浮き立たせ、柔らかく優しい表情をもたらしている

▲江戸小紋（鮫）：地色を裾の方が薄く、上にいくに従い段々濃くなる「裾ぼかし」で染めたもの

描絵

かきえ

絵筆で模様を描くことを「描絵《かきえ》」といい、きものや帯に筆で墨《すみ》絵を描く「墨描《すみが》き」や、白生地《しろきじ》に絵筆で直接模様を描く「濡《ぬ》れ描き」などがあります。描絵《かきえ》の風合いを捺染《なっせん》（プリント）で表わしたものもあります。

描絵風の文様を配した小紋／描絵の風合いを捺染（プリント）で表わした小紋です。昭和30年代の古い小紋なので、衿元には刺繍衿、帯〆には丸ぐけを合わせて、アンティックな雰囲気にコーディネイトしてみました。

きもの地や帯地に、筆などで直接模様（絵）を描くこと、また、描かれた模様を「描絵《かきえ》」といいます。手描きで模様を描いていくので、大量生産が出来ません。当然、値も張りますから、振袖や訪問着など絵羽模様の高価なきものや、染の帯に用いられる技法です。

「描絵」の技法の中でも代表的なものが、きものや帯に墨で絵を描く「墨描き」です。布のにじみを防ぎ、墨色を定着させるために、糊を混ぜた墨を使用します。墨一色の濃淡で模様を描いたり、色彩を加えて模様を描きます。

まるで水彩画のような「濡《ぬ》れ描き」は、優しく透明感のある模様表現が特徴です。生地に、豆汁《まめご》（大豆の汁）や布海苔《ふのり》を水で溶いたものを刷毛で塗って染料がにじみすぎないように整えてから、筆で絵を描いていきます。生地に水分を補いながら描いていくと、淡くにじんだ「ぼかし模様」が表現できます。

「描絵」の技法が、『型紙を使って染められる、繰り返し模様』の小紋に用いられることはほとんどありませんが、機械染め（捺染／プリント）で、手描き風の「描絵」模様を表わした小紋があります。絵筆で布に直接文様を描いたような「描絵」風の小紋柄は、ぼかし染めに通じる優しく柔らかな雰囲気があります。

＊

布に、筆で直接絵を描く方法は、友禅染めよりずっと昔からある染色技法で、作家の画風が模様に表れます。絵羽模様のきものの模様は、よく、きものという『一枚の大きなキャンバスに描かれた絵』に例えられますが、実際、名のある画家達の筆による描絵のきものが、数多く遺《のこ》されています。

『白綾地秋草模様小袖《しろあやじあきくさもようこそで》』は、江戸時代の有名な画家・尾形光琳《おがたこうりん》（一六五八～一七一六年）の筆によるもので、白綾地《しろあやじ》に、墨《すみ》と色彩で、秋草模様（菊、萩《はぎ》、桔梗《ききょう》、薄《すすき》）が伸びやかに描かれています。裾に重く、肩に軽い模様配置は、衣服としてのバランスを考慮したものです。江戸での寄居先であった豪商冬木家の妻女のために描いたと伝えられていることから、『冬木小袖』とも呼ばれています。

尾形 光琳（おがた こうりん）：
江戸時代に活躍した画家（絵師）。「紅白梅図（こうはくうめのず）」「燕子花図（かきつばたのず）」など大画面の装飾的な屏風絵（びょうぶえ）から、水墨画（すいぼくが）まで、作風は多彩で、陶器、小袖などの絵付け、漆（うるし）工芸品のデザインなど、工芸作品も数多く遺しています。彼の作品から抜き出され、工芸品等に施されたデザイン性の高い文様は『光琳文様（こうりんもよう）』と称され、光琳菊、光琳梅、光琳松、光琳千鳥、光琳水文などがあります。

▲**墨描き**：墨と色彩で菊の花を描いた染帯（アップ）。墨描きならではの濃淡が美しい

▲『白綾地秋草模様小袖』（尾形光琳筆、重要文化財、東京国立博物館所蔵）

刺繍

ししゅう

「刺繍《ししゅう》」の技法は、仏教の伝来とともに日本に伝えられ、江戸時代に友禅染めが流行するまでは、華やかな模様表現の主流でした。現在は、他の技法と併用して用いられることが多いようです。

汕頭（スワトウ）の刺繍を施した小紋／刺繍は、染めでは表わせない独特の立体感、風合いを文様に与えます。グリーン地の汕頭の小紋に、三角形で構成された幾何学文様の茶色の名古屋帯を合わせ、オレンジ色の帯〆で全身を引き締めました。

「刺繍《ししゅう》」による装飾加工は、衣服等の模様表現技法の中でも、最も基本的なものです。針と糸で多くの模様や形を表現できる「刺繍」は、最も古い装飾技法の一つであり、古代エジプトの発掘品の中にも見られます。

　日本では、刺繍は古くは「ぬい」と呼ばれ、日本の伝存最古の正史である『日本書紀』には、推古《すいこ》13年（六〇五）に刺繍により大小の仏像を作ったことが記録されています。

　日本最古の刺繍品とされているものは『天寿国繍帳《てんじゅこくしゅうちょう》』で、推古30年（六二二）に聖徳太子が亡くなられた際に、妃《きさき》の橘大郎女《たちばなのおおいらつめ》が、推古天皇に願い出て、太子が往生した天寿国《てんじゅこく》（天国）の有様《ありさま》を刺繍によって表したものです。この下絵《したえ》を描いたのは渡来《とらい》系の人物で、刺繍は宮中に仕えた采女《うねめ》達が行ないました。

　現存する『天寿国繍帳《てんじゅこくしゅうちょう》』は、飛鳥時代に制作された旧繍帳《しゅうちょう》と、鎌倉時代にこれを模造した新繍帳《しゅうちょう》の遺《のこ》りの良い部分を、江戸時代に貼り混ぜて一面の繍帳にしたもので、撚《よ》りの強い糸を用いて輪郭線《りんかくせん》を縁《ふち》取り、その内部を緻密に繍《ぬ》い表す技法で文様が表わされています。奈良県の中宮寺に国宝として所蔵されており、飛鳥時代の刺繍の特色を、今に伝えています。

＊

「刺繍」は、金箔《きんぱく》、銀箔《ぎんぱく》を糊で生地に貼り付ける「摺箔《すりはく》」と並び、きものや帯を華やかに装飾する代表的な加飾技法です。これら二つの技法を併せた「縫箔《ぬいはく》」の技法もあります。刺繍技法は、きものや帯の文様表現に、単独で用いられることもありますが、染や織の技法と組み合わせて施されることが多いようです。

　また、北方（現在の北海道を中心としたエリア）の先住民族であるアイヌ民族の晴れ着では、刺繍と切伏《きりぶせ》（アップリケ）により、袖口、衿～背中、裾回りに魔除《まよ》けの意味を込めた文様が施されます。

　さらに『刺子《さしこ》』のように、衣服の補強、保温の目的も兼ねて「刺繍」が施されることもあり、麻布に白の木綿糸で幾何学的な文様を刺縫《さしぬ》い（刺繍）した「津軽こぎん刺し」などがあります。

汕頭刺繍（すわとうししゅう）：
中国広東省の東部の町「汕頭（スワトウ／Shantou,swatow）」で生産される伝統的な手工芸品。清王朝時代に、ヨーロッパの宣教師達から西洋の刺繍技術が伝えられたのが始まりといわれています。中国古来の刺繍技術や伝統文様に、ヨーロッパの技術と感性が融合し、細かい透かし目が特徴の、繊細で美しい汕頭刺繍として完成し、世界でも最高峰の刺繍技法として知られています。

▲繊細で美しい汕頭刺繍

▲刺繍で文様を表わした名古屋帯

▲刺繍釈迦如来説法図（奈良国立博物館蔵／国宝／奈良または唐時代）

小紋に染められる文様パターン
その名称、意匠《デザイン》、変化形《バリエーション》の面白さ

文様の意匠《デザイン》

PART-2

photo(model)_Yukio Kogure,Kazutomo Nagasuka

古代から現在まで、私たちの身の回りにはいつも文様がありました。自然の植物、生き物、天候事象、景色、また道具、器物、装飾品、建造物、文学、絵画、文字など、身の回りのあらゆるものが文様のモチーフとなり、衣服や器物、調度品に施されてきました。

日々の暮らしの中に、当たり前のように溶け込んでいる様々な文様。ふだん、何気なく見過ごしているその一つ一つに目を向けてみると、それぞれの文様の魅力に改めて気付かされ、興味が広がります。

【参考文献・資料】
日本の染織6「江戸小紋 _ 華麗な江戸の伝統美」泰流社発行
「伊勢型紙」伊勢型紙技術保存会 編
「日本の文様」北村哲郎 著　源流社 発行
「続・日本の文様」北村哲郎 著　源流社 発行
「日本の織物」北村哲郎 著　源流社 発行
「文様の手帖」尚学図書・言語研究所 編　小学館 発行
「風雅の図像 _ 和風文様とはなにか」樹下龍児 著　ちくま学芸文庫 発行
素材 BOOK「日本の文様」毎日コミュニケーションズ 発行
「日本の文様図典」紫紅社 発行
「日本・中国の文様事典」視覚デザイン研究所 発行
「ヨーロッパの文様事典」視覚デザイン研究所 発行
「すぐわかる 日本の伝統文様」並木誠士 監修　東京美術 発行
「伊勢型紙」ビー・エヌ・エヌ新社 発行
「日本服飾小辞典」北村哲郎 著　源流社 発行
「日本の美術 _ 文様」溝口三郎 著　至文社 発行
「織りと染めの歴史 日本編」河上繁樹・藤井健三 著　昭和堂 発行
「江戸事情 _ 第6巻 服飾編」NHK データ情報部 編　雄山閣 発行
【取材／撮影協力】伊勢型紙資料館（三重県鈴鹿市）、鈴鹿市伝統産業会館（三重県鈴鹿市）、セルリアンタワー東急ホテル（東京都渋谷区）

青海波《せいがいは》

日本で「青海波」と名づけられたこの文様は、青い海原に白い波が幾重にも重なって浮かんでいる様子をイメージさせますが、単純な円の連なりで描ける幾何学《きかがく》模様ですので、はじめは単なる装飾模様であったと考えられます。

　同心円《どうしんえん》を、規則的に、扇状《おうぎじょう》に重ね合わせた連続模様で、エジプトやペルシア、中国など、世界各地に見られます。伝説上の巨大な怪鳥、センムルー（senmurw）が描かれたペルシア、サーサーン（Sasanian）王朝の銀皿02に、また、カスピ海の南、タバリスタン（イラン）の銀皿03に、「青海波」文様を見つけることができます。

　ちなみに「青海波」は、欧米では魚の鱗（ウロコ）に例えられ、スケール（scale）文様と呼ばれています。

「青海波」の名は、雅楽《ががく》「青海波」の曲目に由来するといわれ、その装束《しょうぞく》の袍《ほう》（一番上に着ける衣）の地紋《じもん》は「青海波」で、そこに千鳥《ちどり》の刺繍《ししゅう》が施されています。この舞は、源氏物語の中にも登場する古いものです。果たしてその頃から、装束に「青海波」の文様が使われていたかどうかは不明ですが、水や波との結び付きが感じられるエピソードです。

　ただし「青海波」の名の由来には諸説あり、江戸・元禄時代の漆職人、青海勘七が波文様を好んで描いたことから「青海波」と呼ばれるようになったという説や、中国の山岳地帯・青海地方の民族文様に由来するという説もあります。

　いずれにせよ「青海波」文様は、江戸時代には日本で広く普及し、工芸品やきものの文様に愛用されていました。

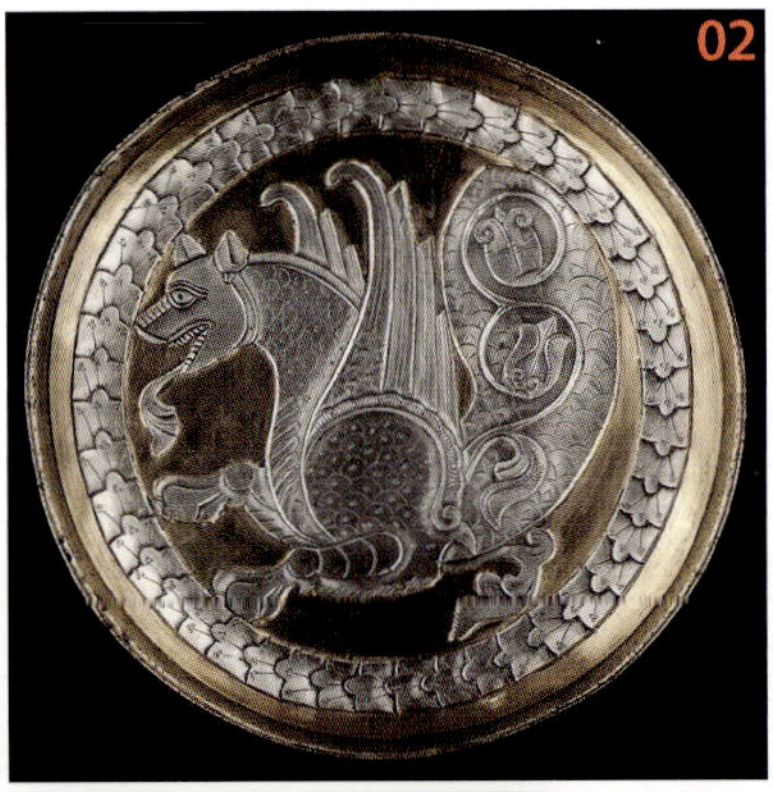

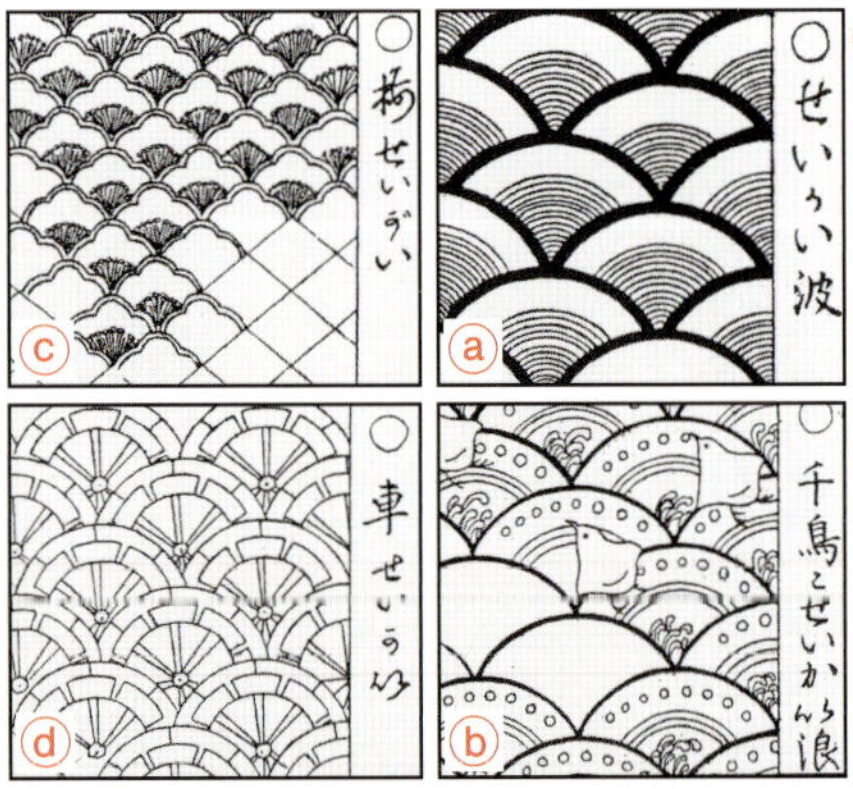

04 青海波柄の印伝（いんでん）：鹿皮の合切袋（がっさいぶくろ）。江戸末期から明治にかけて流行した。日本伝統の革製品は、現在、印伝以外にはほとんど残っていない

01 唐草模様紋帳大全（片岡義助編／明治18年）より：
ⓐせいがい波 ⓑ千鳥とせいがい浪 ⓒ菊せいがい ⓓ車せいがい

02 ペルシアの銀皿（イギリス・大英博物館蔵／サーサーン王朝・7世紀頃）：犬の頭、ライオンの爪、孔雀の体を持つという伝説上の怪鳥「センムルー」の体や羽根に、青海波文様が描かれている

03 タバリスタンの銀皿（イギリス・大英博物館蔵／8世紀頃）：サーサーン王朝形式の宴会の様子を描いたとされるイラン、タバリスタンの銀皿。葡萄の木の根っこに青海波文様が描かれている

青海波の小紋に宝尽くし文様のなごや帯／能楽堂という背景を意識し、日本の伝統的な文様である「青海波」のきものに、「宝尽くし」のなごや帯をコーディネイト。柄も色調も、和のテイストを存分に感じさせる装いです。

亀甲《きっこう》

六角形を規則的に、連続して並べた幾何学模様です。

日本では、亀の甲羅《こうら》に似ていることから「亀甲文《きっこうもん》」と呼ばれています。『鶴は千年、亀は万年』と慣用句にもあるように、鶴亀は長寿の象徴とされ、お目出度《めでた》い吉祥《きっしょう》文として、平安時代から装束《しょうぞく》や調度品に使われてきました。

変形も多く、花菱《はなびし》など他の文様と組み合わせたものの他、亀甲形（六角形）を山形状に3つ組み合わせた形を基本として、それを連続して並べた「毘沙門《びしゃもん》亀甲」、亀甲形を横にずらして重ねた「重ね亀甲」、立体感を感じさせる「石垣《いしがき》亀甲」など、幾何学構成の面からも面白い文様がたくさんあります。

英語では、「亀甲文」をビーハイブパターン（beehive pattern／蜜蜂《みつばち》の巣）と呼んでいるそうで、これもまた納得できる名称です。

＊

こうした六角形の文様が最も早く見られるのは西アジアの古代文明とされ、紀元前八世紀のアッシリア（メソポタミア北部、現在のイラク）の宮殿装飾には六角形を基本とする文様が施されているということです。

西アジアに発生した「亀甲文」が、シルクロードを通って中国に伝わったのは六朝時代（222〜589年）の後半とされ、その後、朝鮮、日本へと伝えられました。正倉院にも、「亀甲文」を施した錦《にしき》、綾《あや》、羅《ら》などの種々の古裂《こぎれ》が残されているそうです。「亀甲文」が日本に伝えられた当時は、異国情緒溢れる珍しい文様だったのでしょう。

▲**亀甲文様の袋帯**：亀甲の中を花菱文様で埋め、その回りを入子菱文様で囲んだもの。亀甲文様は人気の高い有職文様の一つで、慶弔を問わず、きものや帯に幅広く用いられている

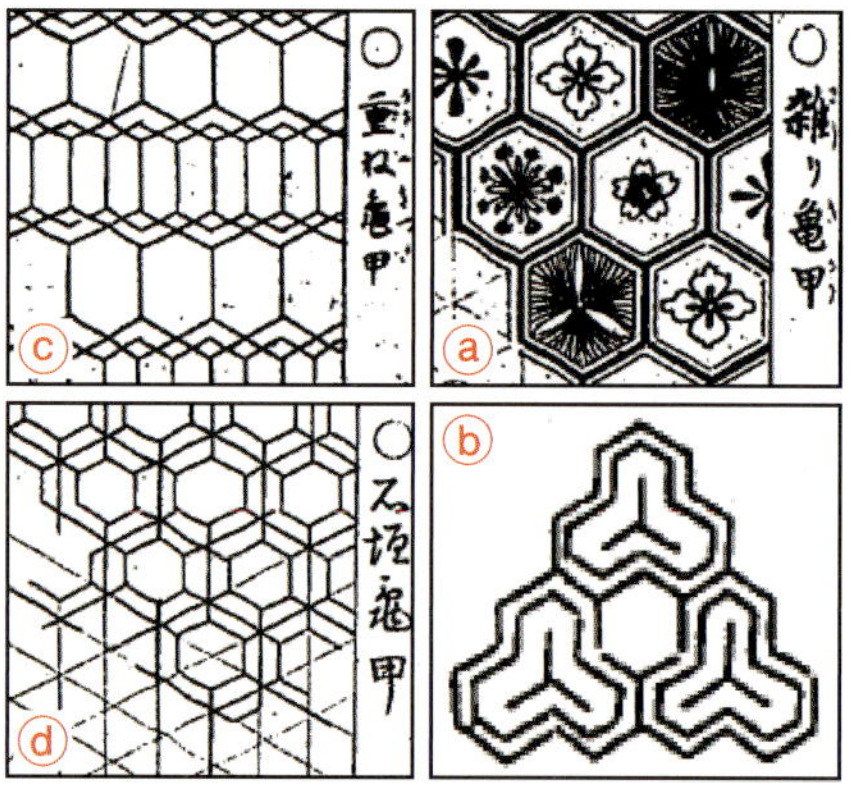

▲**唐草模様紋帳大全（片岡義助編／明治18年）より**：ⓐ雑り亀甲（まじりきっこう）ⓑ毘沙門亀甲（びしゃもんきっこう）ⓒ重ね亀甲 ⓓ石垣亀甲（いしがききっこう）

▲**装束の地紋に見られる亀甲文**：亀甲文様は平安時代から有職文様として使われている

毘沙門亀甲の江戸小紋／代表的な日本の伝統文様の一つである「亀甲文」。古典的な印象が強い文様ですが、小紋の地色と同系色のブルーの帯を合わせて、すっきりとモダンな印象に。涼しげな、大人の女性の気品を感じさせる小紋の装いです。

縞《しま》

「縞」は、複数の線で構成された文様の総称で、縦線のみの「縦縞」、横線のみの「横縞」、縦横に線を配置した「格子縞」の3種に大別できます。

基本的には、線分のみで構成されるシンプルな文様ですが、線の太さ、間隔、配置を違えるだけでもバリエーションは広がりますし、さらに線の表現法や他の文様との組み合わせにより、さまざまな変化形が生まれます。

着物の文様として「縞」が大流行した江戸時代には、粋な文様として多種多様な縞文様が生み出され、それぞれの文様に、趣向を凝らした粋で洒落た名前が付けられました。歌舞伎役者もその流行に一役買い、「菊五郎《きくごろう》縞」「芝翫《しかん》縞」「仲蔵《なかぞう》縞」「三津五郎《みつごろう》縞」「団十郎《だんじゅうろう》縞」など、役者名を付けた縞文様も大いに流行りました。

現代でも「縞」は、人気のある定番柄の1つですが、平安時代までは着物の柄としてはあまり用いられていなかったようです。縦縞はほとんど用いられず、横縞が筋《すじ》と呼ばれて使われている位でした。「縞」という名称も、16世紀半ば～17世紀初頭に盛んに行われた南蛮《なんばん》貿易で、南方諸島から縦縞の木綿がもたらされてから『島』の字が当てられ、『島物』と呼ばれるようになり、それが変化したものといわれています。

型染めによる繊細で緻密な柄が特徴の江戸小紋の中でも、「縞」は粋の真髄ともいわれ、型紙に模様を彫る型彫りの中でも「縞彫り」は最も難しいともいわれます。なお、英語で「縞」はストライプ（stripe）※、格子縞はチェック（checker、check）となります。

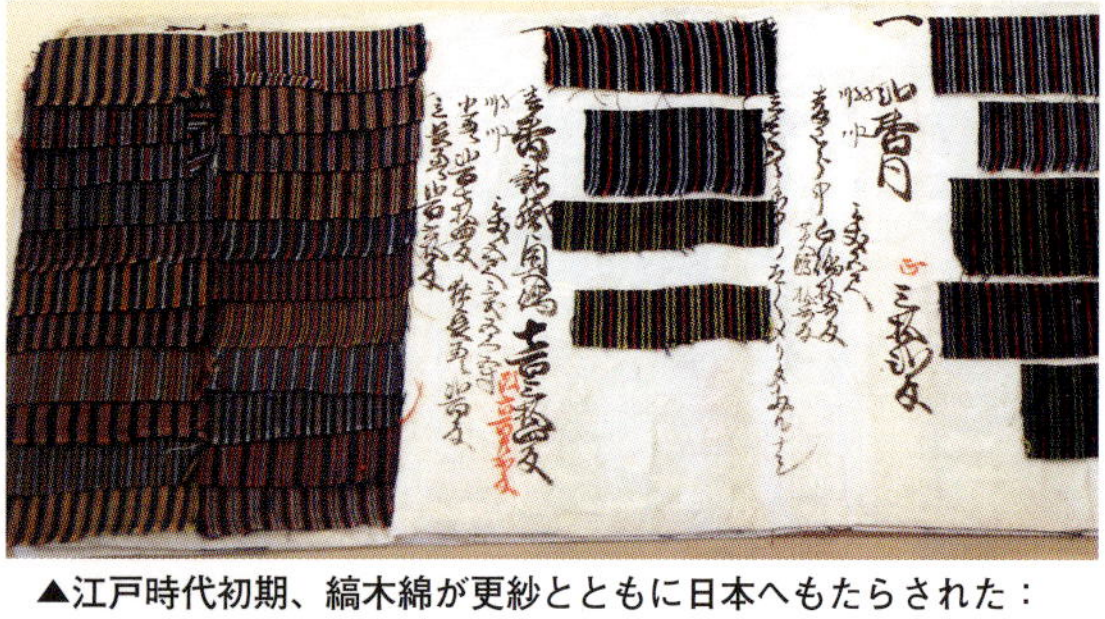

▲**江戸時代初期、縞木綿が更紗とともに日本へもたらされた：**はるか海を渡ってきた縞には、桟留縞（さんとめじま）、じゃがたら縞、セイラス縞、弁柄縞（べんがらじま）などがある。いずれも木綿縞で、地名にちなむ名称。これらを元に、日本で織られた異国風の縞は、外来物という意味の「唐」を付けて「唐桟留（とうざんどめ）」と呼ばれ、後に「唐桟織（とうざんおり）」と呼ばれるようになった。なお、中国から輸入された絹縞は「間道（かんどう）」と呼ばれ、茶人に好まれた

※縦縞は vertical stripes 、横縞は horizontal stripes という

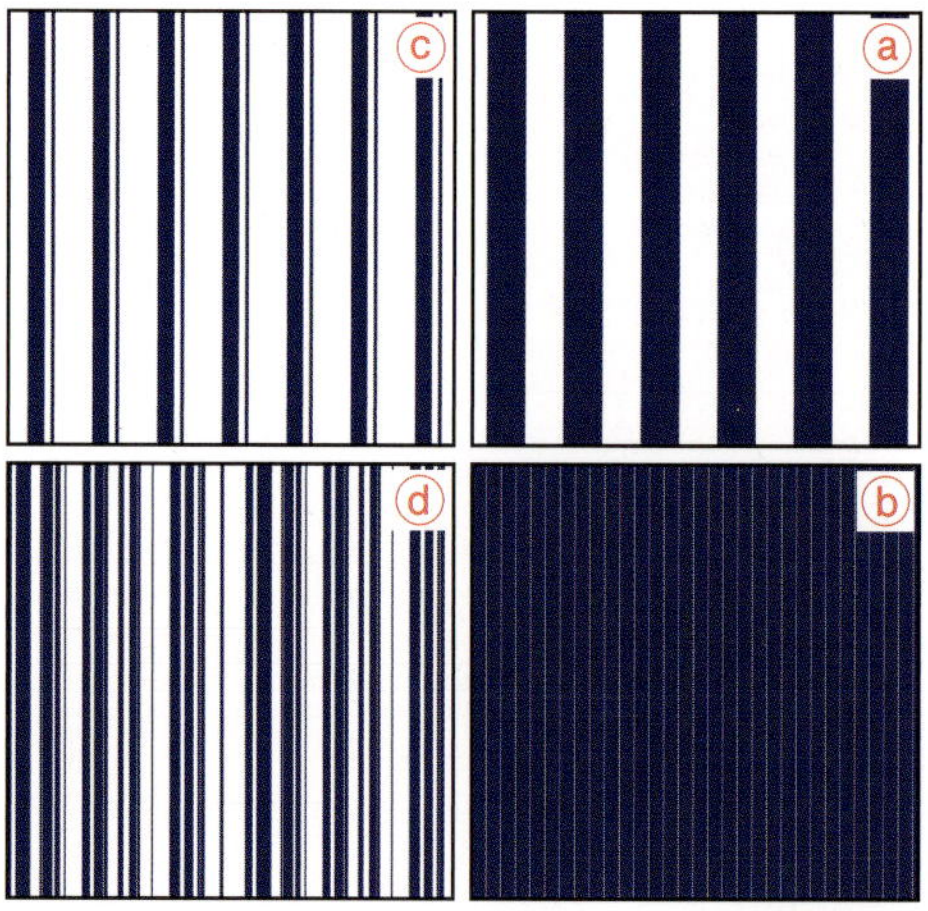

■**基本的な縞文様：**ⓐ棒縞（ぼうじま）／太い縦縞 ⓑ千筋（せんすじ）／細かな縞は、千筋、万筋、微塵筋などと呼ばれる ⓒ子持ち縞／太い縞の脇に細い縞を添えたもの、両脇に細い縞を添えたものは両子持ち縞という ⓓ矢鱈縞（やたらじま）／縞の太さ、間隔が不揃いのもの

雨垂れ縞の小紋に紅葉の染帯／小紋には様々な種類があり、エレガント、ソフト、シック、ブライト、シャープなど、各々の小紋が持つイメージがあります。小紋と、それを着る方のイメージの重なりが、装いに統一感を生み、着こなしのセンスを感じさせます。多彩な小紋の中でも、粋で個性的な印象の「縞」柄は着る方を選ぶ、着こなしの難しい文様ではないでしょうか。

格子《こうし》

縞の一種で、経糸《たていと》、緯糸《よこいと》で織り上げられる織物の基本的な柄です。

日本の格子柄の織物というとまず、「黄八丈《きはちじょう》」「鳶八丈《とびはちじょう》」が思い浮かびます。黄八丈、鳶八丈は、八丈島で生産される黄染め、樺《かば》（赤茶）染めの紬で、江戸時代中期、小紋とともに縞物が流行した頃に、八丈縞と呼ばれ流行し、日本全国で、本場の八丈縞を真似た縞柄の紬が数多く織られたということです。

当時の縞柄の流行に歌舞伎役者が一役買っていたことは、前ページの「縞」の項で触れましたが、役者の名前が付いた色々な縞のデザインが考案され、役者好みの渋い色で、きものに染められました。歌舞伎役者や当時の風俗を描いた浮世絵にも、数々の縦縞、格子縞を見ることができます。

▲黄八丈（きはちじょう）：八丈島に自生する植物染料で『黄・茶・黒』の三色に染めた糸で織られる縞柄、格子柄の織物。地色が茶のものは「鳶八丈」、地色が黒のものは「黒八丈」と呼ばれる

■格子柄は世界中で愛され、衣服はもちろん、身の回りの品々に幅広く用いられている
ⓐギンガムチェック
ⓑ千鳥格子（ちどりこうし）
ⓒタータンチェック

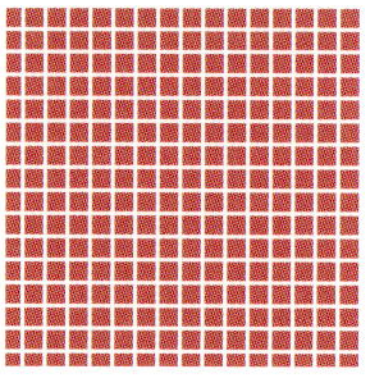

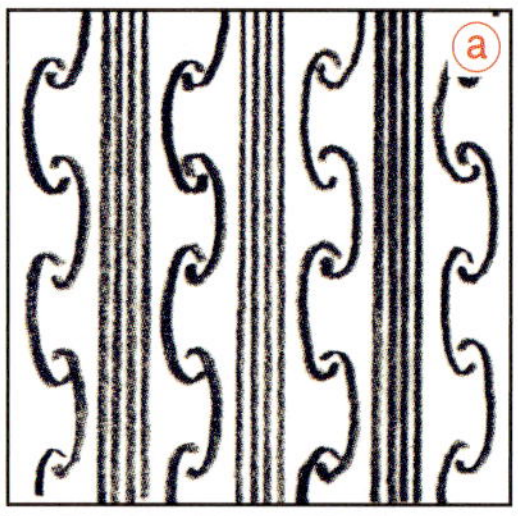

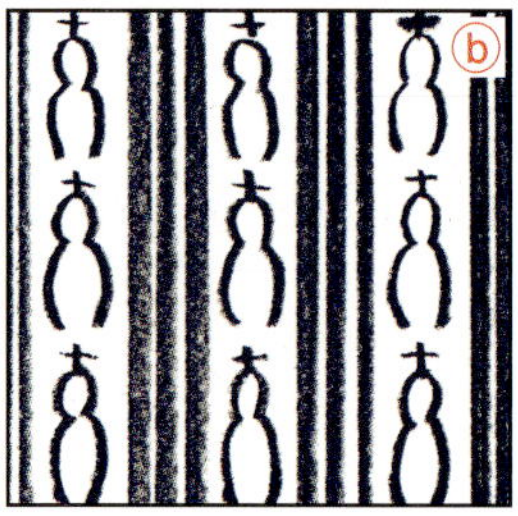

■人気の歌舞伎役者から流行した縞文様
ⓐ芝翫縞（しかんじま）／四筋に鈎（かん）つなぎを配して「四鈎（しかん）＝芝翫」と読ませるシャレの利いた縞文様。江戸時代後期の人気歌舞伎役者・三代目中村歌右衛門（俳号・芝翫）の創案
ⓑ三津大縞（みつだいじま）／前述の三代目歌右衛門と人気を二分した、三代目坂東三津五郎創案の縞。三筋に大の字つなぎの大縞で、「三津五郎縞」とも呼ばれる
ⓒ三枡格子（みますごうし）／七代目市川団十郎創案の格子縞。初代団十郎が稲妻文から考案して一門の定紋とした「三枡文（みますもん）」の変形で、「団十郎格子」とも呼ばれた
ⓓ菊五郎格子（きくごろうこうし）／三代目尾上菊五郎が、ライバルの七代目団十郎の三枡格子に対抗して考案した格子縞。縦四筋、横五筋の格子柄の間に『キ』と『呂』を入れて「キ九五呂（きくごろう）」と読ませる

格子柄の小紋／格子は縞柄の一種ですが、横筋が入ることで柔らかな印象が加わります。線の単純な交差で表わされる格子柄は、世界中で広く愛されている文様の一つで、イギリス・スコットランド地方のタータンチェック、インド・マドラス地方のマドラスチェックなどが有名です。タータンチェックは、本来、スコットランドの氏族を表すための飾章、紋章として用いられていたということで、江戸小紋の裃柄との共通性を感じさせます。

霰《あられ》

大小不規則な点を全体に散りばめた文様を、霰《あられ》が地面に敷きつめられたように見えることから、「霰《あられ》」「霰文《あられもん》」と呼びます。

元々は、点の大小、規則性に関わらず、小さな点を密集させて配置した模様の総称だったようで、現在では一般に、『行儀《ぎょうぎ》（小さな点を規則正しく並べた文様）』と呼んでいる小紋柄も、『行儀霰《ぎょうぎあられ》』と呼んだりしていました。

今でも、南部鉄瓶《なんぶてつびん》（岩手県特産）01に施されている文様で、「霰文」と呼ばれるものは、小さな凸型の点が、規則正しく密集して並んでいます。

また、『石畳《いしだたみ》（市松《いちまつ》）』の方形が小さなものを「霰」ということもあります。

平安時代、公家様式の絹織物で、規則的に小さな方形が織り出されたものを「霰地《あられじ》」と呼んだことから、略して「霰」となり、後に絹織物に限らず、柄の細かい石畳文様を「霰」と呼ぶようになったということです。

文様に限らず、小粒のおかきをいくつも寄せ集めたものは「あられ」といいますし、三月三日の桃の節句に供えるもち米のお菓子は「雛《ひな》あられ」02と呼ばれます。料理で材料を5㎜角ほどの小さなサイコロ状に切ることを「あられ切り」といったりします。

こうしてみると「霰」は、小さく細かなものが幾つも集まっている状態の比喩《ひゆ》的表現と思われ、文様としての「霰」も大まかな解釈でよいように思います。

＊

余談ですが、気象用語では、5㎜未満の氷粒が降る天気を「霰」といい、5㎜以上は「雹《ひょう》」となるそうです。

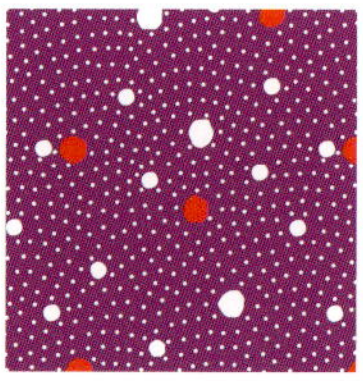

01 南部鉄瓶（なんぶてつびん）：
平安時代末期から続く鋳物師（いものし）の町、岩手県水沢市で作られる南部鉄瓶。粒々の霰模様は、型がやわらかい内に、絵杖で、目分量で等間隔に押して付けていく。鉄瓶一個に、多いものは6000個もの粒があるという。凸型の霰は、鉄瓶に厚みを出し、湯が早く沸き、冷めにくくする効果があるという

02 雛霰（ひなあられ）：
炊いた（または、蒸した）もち米を十分乾燥させた後、炒って砂糖がけした、ほんのりと甘いお菓子。関西地方では、醤油味や塩味の小粒のおかき（あられ）をいう

霰の小紋に格子の帯／色数を抑えたシンプルなコーディネイトは、和のクラシカルなテイストを感じさせながらも、洋服が主流の、現代の様々なシーンに、しっくり馴染みます。

行儀《ぎょうぎ》／鮫《さめ》

江戸時代に武士が着用した裃《かみしも》の柄に由来するとされる『江戸小紋』の繊細で緻密な柄は、文様を彫り抜いた型紙を用いて染め上げられます。江戸小紋をはじめ、伝統的な技法により染め上げられる小紋には型紙は不可欠です。そして、その型紙は主に、『錐《きり》彫り』『道具彫り』『突き彫り』『引き彫り』という彫刻技法により彫られ、作られます。

江戸小紋の中でもポピュラーな、「行儀《ぎょうぎ》」や「鮫《さめ》」の小紋柄は、先に挙げた技法中の『錐彫り』によって表わされます。

『錐彫り』の彫刻には、半円形の刃先を持つ細く鋭い彫刻刀（錐）を使用します。この錐の刃先を地紙に対して垂直に立て、半回転させると丸く小さな穴が空きますが、こうして空けられた一つ一つの穴の連なりで、さまざまな文様が表わされるのです。

「行儀」は、これらの穴を規則正しく斜めに配列した文様です。穴を縦横直角に、十字に配列した文様は「通し」と呼ばれます。

そして、行儀でも通しでもなく、穴と穴の間隔をほぼ一定に保ちながらも不規則に配列した文様は、鮫の皮に例えて、「鮫」と呼ばれています。

＊

これら「行儀」「通し」「鮫」の三種の小紋柄は、江戸小紋を代表する格調高い文様とされ、『江戸小紋三役』とか『錐小紋の三役』といわれます。なお一般には、錐彫りによる「通し」に、道具彫りによる「角通し」を含めて、『江戸小紋三役』といわれているようです。

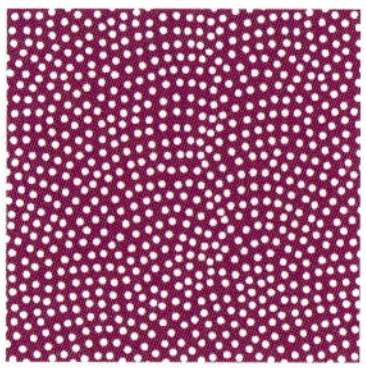

■鮫の皮は、「日本刀」や、本ワサビをすりおろす道具の「鮫皮おろし」などに用いられる：
ⓐ日本刀の部分名称『柄（つか）』『鞘（さや）』『鍔（つば）』を記した。背景の錦絵は『歌舞伎十八番_鑷（けぬき）』
ⓑ日本刀の『柄（つか）』部分
ⓒおそば屋さんなどで見掛ける「鮫皮おろし」

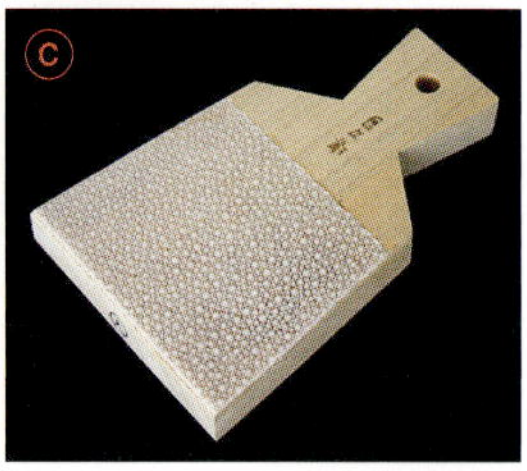

[鮫皮と日本刀]

乾燥した鮫の皮には硬く小さな突起物が無数にあることから、柄の補強と柄巻の滑りを防止する目的で、鮫皮を日本刀の柄部に巻きつける。さらに、柄部分の手持ちの良さ、装飾性を高めるために、その上に柄糸（組紐）が巻かれる。

鮫皮は、鞘部分の装飾にも用いられた。粒の揃った鮫皮を、鞘下地に巻きつけ、黒漆をかけ、表面の凹凸を研磨して滑らかに整え、鮫鞘独特の斑模様（まだらもよう）にする。

刀の柄や鞘の材料として用いられる鮫皮は、鮫の背の一部分を用いるため、鮫一尾からは柄一本分程度の材料しかとれないそうである。

行儀の江戸小紋に、モダンなデザインの桜の袋帯／裃柄の江戸小紋は、一ツ紋を付ければ、一ツ紋付の色無地に準じる装いとなります。フォーマル感のある、シックでエレガントなスーツに相当する装いで、大人の女性の品格が求められるシーンに重宝します。柄の細かい江戸小紋は、多彩な小紋の中でも特に、色のイメージが強いので、お顔の映える地色を選ぶのがポイントです。

通し《とおし》

「通《とお》し」柄は、江戸小紋の代表的な柄の一つで、同じ大きさの小さな点それぞれが、縦横直角に、十字に交差するように整然と配置されているのが特徴です。主に、『錐《きり》彫り』の技法で彫られた型紙を用いて染められるものと、『道具彫り』の技法で彫られた型紙を用いて染められるものがあります。

『錐彫り』によるものは、一つ一つの点が円形にくり貫かれますが、角形の道具を用いて『道具彫り』の技法で彫った場合は、一つ一つの点は四角形にくり貫かれ、エッジの効いたシャープな印象に染め上がります。「通し」柄の一つ一つの点が四角形のものは特に、「角通し」と呼ばれています。

『道具彫り』は、使用する道具の刃先自体が、桜や菊の花びらのように一つの文様になっています。「角通し」を彫る場合は、刃先が角形の道具一本のみを用いて細かい文様を型紙一面に彫り並べるわけですが、掘り抜いた角形が、縦横直角に整然と並ばなくてはならず、大変高度な技術が求められます。彫刻の際、刃先を傷めやすく、万一、刃先を折って取り替えたり、下手な研ぎ方をすれば、そこから文様にムラが生じてしまうわけです。精神的な安定も求められます。

道具を使っての彫刻技法には、他に、『一枚突き』という技法があります。この技法で四角を彫る場合には、刃先が直線の道具を用い、刃先を上下左右の順に四回押し突いて四角形をくり貫きます。角形の道具を用いる場合よりも手間は掛かるのですが、四隅が鋭く、きれいに仕上がるのだそうです。

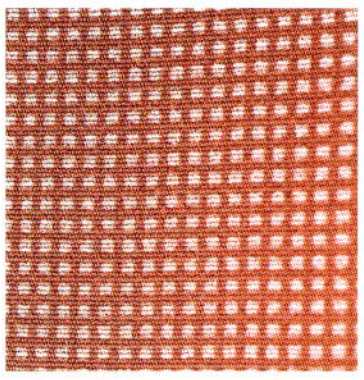

[一ツ紋を付けて格調高く装いたい江戸小紋]

- 江戸小紋は、一ツ紋を付ければ、一ツ紋付きの色無地と同格の準礼装となる。
- 江戸小紋には、『縫いの一ツ紋』を付けるのが一般的。
- 合わせる帯の種類（袋帯、なごや帯）や、帯の文様などによって、装いの格が変化する。

通し柄の江戸小紋／朱色の江戸小紋に、振袖にも締められる黒地に金糸銀糸で大きな花柄を織り出した袋帯をコーディネイトした、振袖世代の江戸小紋の装い。若い方の江戸小紋は、華やかさを感じさせる明るい地色のものがオススメです。

市松《いちまつ》・石畳《いしだたみ》

二色の方形を、上下左右が互い違いになるように並べた、碁盤《ごばん》の目の文様。寺院の石敷きの道を模した文様といわれています。古くは「甃《しゅう》（しきがわら、いしだたみ）」の字を当てたともいわれ、元禄（一六八八〜一七〇四）の頃に流行した時は「敷瓦《しきがわら》」と呼ばれていました。

江戸時代中期の人気歌舞伎役者・初代佐野川市松《さのがわいちまつ》（一七二二〜六二）が舞台衣装の裃に用いて流行し、以来、「市松模様」の名で呼ばれるようになったということです。

平安時代以来の公家様式の絹織物、有《ゆう》職《そく》織物では、規則的に小さな方形が織り出されたものを「霰《あられ》」と呼ぶことから、染めの小紋でも、方形の小さなものは「霰」といったり、「小石畳」といって区別することもあります。

「市松・石畳」の文様は、直線や曲線で構成される幾何学文様の中でも最も単純な文様なので、文化の伝授がなくても自然発生的に起こった文様といわれ、世界各地の原始模様に見られます。

日本でも、工芸品、染織品をはじめ、建築物の室内装飾にも使われ、シンプルであるがゆえに、現代でも幅広く用いられている大変人気のある文様です。

◀東洲斎写楽の『三世佐野川市松の祇園白人おなよ』（東京国立博物館蔵／江戸時代／重要文化財）

■市松模様は世界に溢れている：ⓐクロアチアの国旗／中央に位置する国章に赤と白の市松模様が使われている ⓑチェス盤 ⓒ床のパターン／写真はルーブル美術館の一室。正方形にカットした白と黒の大理石を交互に配置したもの

市松文様の小紋／互い違いに配した方形の中に、繊細な小紋柄を染めた、グレイッシュなトーンの市松文様の小紋に、茶系の帯をコーディネイト。ちょっとお洒落をして出掛けたい、観劇、お食事会などに…。

露芝《つゆしば》

山なりの弧《こ》を、幾つも散らばせたり、重ねたりしたところに、小さな玉を点々と配し、芝草に露の玉が付いている状態を表わした文様です。

一面に散りばめられた緩やかな山なりの弧は広い秋の野を、所々の露の玉は、初秋の早朝の涼やかさを感じさせます。その情景から、「露芝」は秋の文様に分類できますが、実際には季節に関わらず、着物や帯に、一年を通して広く用いられます。小紋の柄としても人気があり、能装束にも用いられる伝統的な日本の文様です。

「露芝」文は、四季を通じて用いられますが、初秋の涼やかさを感じさせる文様でもあることから、夏の着物や帯、浴衣の柄としても人気があります。「露芝」に「秋草散らし」、「露芝」に「うさぎ」、「露芝」に「こおろぎ」など、秋の文様との組み合わせもよく見られます。

夏の着物や帯には、萩、桔梗、すすきなどの秋草文様、雪の結晶を図案化した雪輪文様など、秋や冬の文様が描かれることも多いのですが、それは、蒸し暑い日本の夏を、少しでも涼しく過ごすための工夫の一つ。せめて文様だけでも秋や冬のものを用いて、見た目だけでも涼やかに過ごそうとしたのです。

ⓐ「露芝」は露の玉がついた芝をデザインした文様（帯地より）
ⓑ 露芝模様を摺箔で表わした江戸時代（18 世紀）の小袖
ⓒ 万葉集や日本書紀に「芝」の記述があり、また、平安時代に書かれた日本最古の造園書「作庭記」には“芝をふせる”という記述が見られることから、芝が造園の材料に用いられていたと推察できる。サッカー場、ゴルフ場、野球場、テニスコート、陸上競技場などのスポーツ施設や公園に欠かせない芝生に用いる芝は「西洋芝」で、明治時代以降、各地に広まった

露芝模様の小紋／露芝文様を、肩から裾にいくに従い段々大きくなっていくように染め上げげた、優しく爽やかな淡いグリーン地の付下げ小紋です。オーソドックスな文様の控え目な印象の小紋なので、コーディネイトによって様々なシーンに着こなせます。

文字《もじ》

「寿（壽）」「福」「喜」「松竹梅」などの縁起の良い文字や、意味のある語句を全体に散らしたり、ある一文字を要所に配したり、詩歌の一節やいくつかの主要な文字を抜き出し配置したもの、亀甲《きっこう》や丸、輪違《わちが》いと組み合わせた文様、仮名《かな》を散らした「いろは形」など、文字も文様として使われます。

文字を幾何学的にデザイン化した文様や、『判《はん》じ物』といって、鎌と輪の図と、ぬの字でかまわぬ（構わぬ）と読ませるような洒落《しゃれ》の効いた文様もあります。

江戸時代にこれらの文字を使った文様が好んで使われたことは、浮世絵や当時の小袖、能装束《のうしょうぞく》などから伺い知ることができます。

また、平安時代に使われた書体の一つである「葦手《あしで》」を、水辺の風景の中に絵の一部のように描いた「葦手絵《あしでえ》」と呼ばれる文様もあります。歌や物語の一部の「葦手」文字を関連する絵に紛らせ描いた「葦手絵」は、平安時代、蒔絵や服飾などに盛んに用いられましたが、鎌倉時代以降、廃れてしまいました。

文字は主に、言葉を伝え、残す手段として使われますが、今に残る様々な文字を使った文様を見ていると、文字を文様として扱い、デザイン化し、文字で遊び、文字を楽しんだ古の人々の姿が浮かんできます。そして今も、文字を文様として扱ったデザインは、Tシャツやブランド物のバッグなど、身の回りに溢《あふ》れています。ケイタイやメールの普及により現代の若者から生まれた「絵文字」「顔文字」「ギャル文字」にも、文字で遊び、文字を楽しむ感覚が窺えます。

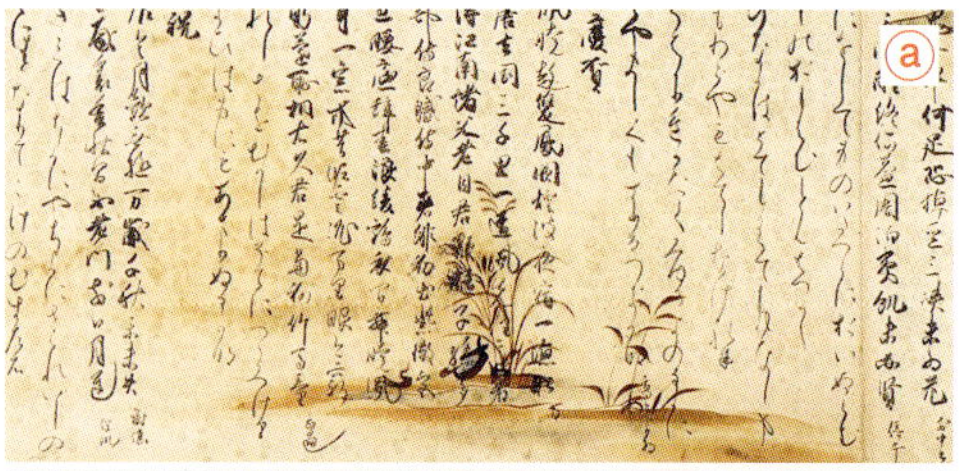

ⓐ「葦手絵和漢朗詠集抄（あしでえわかんろうえいしゅうしょう）」は、葦手絵（あしでえ）を描いた料紙に『和漢朗詠集』を書写したもので、平安後期に藤原伊行によって書かれた。上巻、下巻があり、いずれも書の下絵に、葦、水鳥、岩、片輪車などの葦手絵が描かれている

ⓑ イギリス・大英博物館にある、エジプトの古代文字「ヒエログリフ」が彫られた柱

ⓒ 世界一美しい墓といわれるインド・タージ マハルの白い大理石の壁に施された「アラビア文字」の装飾

いろは型の小紋に藤の染め帯／ひらがなをモチーフにデザインした個性的な小紋に、藤文様の染帯をコーディネイト。シャーベットカラーのオレンジの帯〆をキリリと締めて、モダンさをプラス。遊び心を感じる大人のカジュアルスタイルです。

唐草《からくさ》

「唐草《からくさ》」文様は、四方八方にツルを這《は》わせ絡《から》ませて成長する蔓《つた》状の植物をモチーフに構成された文様の総称です。蔓《つた》のみで構成した「唐草文」をはじめ、蓮《はす》、忍冬《にんどう》、葡萄《ぶどう》、牡丹《ぼたん》、桜、梅、菊、鉄《てつ》線《せん》、丁子《ちょうじ》、宝相華《ほうそうげ》などいろいろな種類があり、用いられるモチーフの名に唐草を付けて、「蓮唐草」「葡萄唐草」「宝相華唐草」などと呼ばれます。

「唐草」の名が示す通り、唐（中国）から伝わった文様です。6世紀半ば、仏教伝来と共に日本に伝えられましたが、中国に唐が起こるのは7世紀初頭の頃なので、『絡《から》み草』が転じてカラ草となり、カラに唐の字を当てて「唐草」になったといわれています。中国において唐の時代は、「唐草」文様が装飾文様の中心をなした時期でもありました。

この「唐草」文様の原形は、古代ギリシアの装飾文様・パルメット唐草であるといわれます。

パルメット唐草は、シルクロードを通って日本にもたらされるのですが、その途中のインドで、仏教と深く関わる神聖な花『蓮《はす》（ロータス）』と結びつき、仏教を装飾する文様として発展します。そのため中国では、「唐草」は仏教の装飾文様として広がり、仏教と共に日本へ伝えられて、飛鳥～奈良時代の仏教装飾を華麗に彩りました。

その後、さまざまな文様と「唐草」を組み合わせた日本独自のデザインも生み出され、仏教装飾としてだけでなく、仏教とは関係のない装飾文様として、工芸品や服飾のデザインにも幅広く使われるようになっていきます。

▲インドの宮殿装飾に見られる唐草文様：
ⓐファテープル・スィークリーの宮廷地区の柱に施されたパターン
ⓑテール・キラーの宮殿の柱に施されたパターン

▲古代ギリシアの陶器（フランス・ルーブル美術館蔵／紀元前6世紀初期）：
パルメット模様が上下に施されている。パルメット（palmetto）とはヤシ科の常緑高木・ナツメヤシ（棕櫚）のこと。パルメット模様はヨーロッパの代表的な植物文様の一つ

葡萄唐草文様の単衣の小紋／単衣（ひとえ）は、1年間に2ヶ月だけ、6月と9月に着る裏地のないきものですが、文様によっては6月のみ、9月のみに限定されるものもあります。秋の実りを象徴する葡萄が描かれた小紋は、やはり9月に着るのがオシャレです。秋の色彩を感じさせる色調の、帯や帯揚げ、帯〆を合わせました。

雪輪《ゆきわ》

日本では古来より、雪は豊年の瑞兆《ずいちょう》とされ、また「雪見」という言葉に残るように、雪景色を眺め楽しむ風流な習慣もありました。

「雪輪」は、円形に六ヶ所、もしくは数ヶ所のくぼみを付けて、雪の粒やその結晶を単純な形で表現した文様です。雪の結晶が六角形であることから、現在は、円形に六ヶ所のくぼみを付けた形が一般的ですが、桃山時代や江戸時代の小袖に見られる「雪輪」文様には、くぼみが八ヶ所あるものや小さな山形の円弧を繋げて輪にしたものもあります。

雪は、『六花』『六出』とも呼ばれます。雪の結晶が六角形（六方に枝の出た星形）であることから生まれた名称といわれ、室町時代の文献に『六花』の名があることからも、少なくとも室町時代には雪の結晶が六角形であることが知られていたと考えられていますが、雪の結晶を、日本人で初めて、顕微鏡を使って実際に観察したのは、今の茨城県の古河藩主であった土井利位といわれています。

庶民から「雪の殿様」の愛称で親しまれた土井氏は、雪の結晶を花に見立てて『雪華』と名づけ、その観察結果を細部にわたり詳細に図解した『雪華図説』を天保三年（１８３２）に出版しました。その繊細で美しい結晶模様は、「雪華」文様と呼ばれて江戸庶民の間で流行し、着物や帯、小物類の文様に広く用いられたということです。

なお、雪をモチーフとした文様には、前述の「雪輪」「雪華」の他に、草木に雪が降り積もった様子を表わした「雪持ち」文様があります。

▲雪の結晶写真：自然が作りだす繊細で美しい雪の結晶模様

▲土井利位『雪華図説』『続雪華図説』より：雪の結晶の観察結果が細部にわたり詳細に図解されている

雪輪文様の飛び柄の小紋／柄が飛び飛びに配置され、地色の占める割合が広い「飛び柄」の小紋。洋服感覚で着こなせる現代的な柄ゆきの小紋です。きものの地色と同系色のシルバーの袋帯を合わせ、帯揚げ、帯〆、草履の鼻緒をサーモンピンクで統一しました。

流水《りゅうすい》

「流水」は、水が川に流れている様子、池に溜っている様子など、水の流れを、ゆるやかな曲線で表わした文様です。

すでに弥生時代中期の土器《どき》、銅鐸《どうたく》などに、水の流れを感じさせる、平行線をS字状に屈折させた「流水」文が見られますが、それが当時から水の流れを表わしていたのかどうかは分かりません。

ただ、弥生時代は農耕が広く行われるようになった時期であり、銅鐸の中には脱穀や穀倉など、農耕と関わりのある文様が見られることから、農耕には欠かせない水が表現されてもなんの不思議はありません。周りを海に囲まれ、山から流れる川があり、湖や池が点在する日本の風土に生きる人々にとって、水は常に身近に存在するものであり、その流れが文様に投影されたと考えるのは、ごく自然な流れでしょう。

さて、古代から現在に至るまで、身の回りのいろいろな物に用いられ、日本人に愛されてきた「流水」文様は、水が、流れる所によってさまざまな表情を見せるように多様です。

紅葉、車（車輪）、筏《いかだ》、扇、草花など、他の文様と組み合わせて用いられることも多く、流水に紅葉を散らした「竜田川《たつたがわ》」、車の輪が半分水に沈んで流れるさまを図案化した「片輪車《かたわぐるま》」など、独自の名前が付いているものもあります。

渦《うず》巻き状の水の流れを描いた「観世《かんぜ》水《みず》」は、独特の水の表現がとてもモダンでユニークな流水文です。能楽シテ方観世流の家元、観世太夫の紋所が渦巻き文様であるところから、この名がついたといわれています。

▲片輪車文様の小紋：
絽縮緬地に涼しげな片輪車を染めたもの。絽縮緬は6月の単衣に用いる

◀銅鐸（弥生時代）：弥生時代は、紀元前5世紀中頃〜紀元後3世紀中頃までをいう。銅鐸は近畿および東海地方を中心に出土しており、水の流れを模したような流水文も見られる

流水柄の小紋に黒地のなごや帯／ゆるやかに流れるような曲線が平行して描かれたクリーム地のシンプルな小紋に、方形の幾何学文様を描いた黒地のなごや帯をすっきりと結びました。帯〆の色は、きものの文様や裏地に使われている淡い黄色を選び、帯揚げはきものや帯にないグリーンをあえて選び、装いに色を加えています。

矢絣《やがすり》

「矢絣《やがすり》」は、絣《かすり》織物の柄から生まれた文様です。今では絣織物に限らず、矢羽《やば》根《ね》文様が規則的に連続して並んだ柄を、「矢絣」と呼んでいます。

絣織物の「矢絣」文様は、①ある一定の幅で括《くく》り染めした絣糸《かすりいと》を経糸《たていと》に用い、②整経《せいけい》の段階で隣の糸を少しずつずらしていって斜線を表わし、③斜線が一定の所までできたら逆に同じ分だけずらしていって、④山型（あるいは谷型）の絣柄ができ、⑤この作業の繰り返しで表されます。

規則性に則《のっと》った単純な手順で織り出すことができる、幾何学文様なので、インドや東南アジアをはじめ、世界各地の絣織物、染物に、同様の柄が見られます。

日本では、江戸時代中期以降、「矢絣」が盛んに織られるようになり、若い女性の上着（一番上に着る着物）に利用されました。今も、時代劇や歌舞伎で、当時の様子を窺《うかが》い知ることができます。

緯糸《よこいと》に絣糸《かすりいと》を用いた緯《よこ》絣の「矢絣」は、男子の腰替わり熨斗目《のしめ》の腰の部分の柄に見られます。後に小紋（染物）の文様にも使われ、織染に関わらず、矢羽根を規則的に連続して並べた柄を「矢絣」と呼ぶようになりました。一つ一つの文様は、弓矢の矢に付いている矢羽根《やばね》の形をしているので、「矢羽根《やばね》」と呼ぶこともあります。

明治～大正時代には、「矢絣」の着物に海老茶《えびちゃ》の袴を穿《は》いた姿が、海老茶式部《えびちゃしきぶ》と呼ばれて女子学生の代名詞となり、平成の現在でも、卒業式シーズンになると、「矢絣」の袴姿の女子学生を、街や電車でよく見掛けます。

[絣織（かすりおり）]

部分的に染め分けた糸を用いて、模様を織り出す方法、また、その模様や織物のこと。「飛白（かすり）」と表記することもある。

基本的な絣柄には『十字絣（じゅうじがすり）』『矢絣（やがすり）』『井桁絣（いげたがすり）』などがある。

模様を表わすために染め分けた糸を「絣糸（かすりいと）」といい、素材には、木綿、絹、麻などを用いる。

経糸（たていと）に絣糸を用いたものを経絣（たてがすり）、緯糸（よこいと）に絣糸を用いるものを緯絣（よこがすり）、両方に用いるものを経緯絣（たてよこがすり）という。

◀矢絣〈上写真〉と十字絣〈下写真〉

矢絣文様の小紋に袴／毎年、3月の卒業シーズンになると、街中で矢絣の小紋に袴姿の女子学生をよく見掛けるようになります。卒業式の女子学生の装いといえば、真っ先に「矢絣」が思い浮かぶほど、学生らしくて可愛らしい定番のスタイルです。

風景《ふうけい》

日本のきものには、海や山、川などの自然の風景をはじめ、京都や近江《おうみ》の観光名所、山水画《さんすいが》や平安の絵巻物《えまきもの》にある風景等、さまざまな「風景」が文様として描かれます。

「風景」文様が日本で盛んに用いられるようになるのは、遣唐使《けんとうし》が廃止され、日本独自の文化が発展した平安中期以降のことです。蒔絵《まきえ》には絵画的な「風景」が描かれ、貴族女性の裳《も》には浜辺の風景「海賦《かいふ》文様」が施されました。江戸時代には藍染めによる「茶屋辻《ちゃやつじ》」や、「京名所《きょうめいしょ》」「近江八景《おうみはっけい》」などの名所風景が盛んに小袖に染められました。

「風景」を文様の題材とするのは何も日本に限ったことではなく、『山水《さんすい》』『楼《ろう》閣《かく》』『塔《とう》』などの「風景」を皿や壺に描いた中国の陶器は人気ですし、世界的にも、陶器、家具、タペストリー、カーテン、絨毯など、身の回りのいろいろな物に、各地の美しい情景を写した「風景」文様が見られます。

しかし、衣服の文様においては、日本のきものほど大胆に「風景」を表わしている衣服は、他に思い浮かびません。

きものにおける「風景」文様の発展には、まるで一枚の大きなキャンバスのように見立てられる、きものの仕立て・構造と、自由な絵画的表現を可能とした友禅染め技法の完成（江戸中期）が、大きく起因していると考えられます。

直線裁ちで平面的に仕立てられるきものは、表面積が広く平らに広がり、立体的な身体に着付けても、裾のほとんどは布目のままゆがむことなく表に現れます。腕を下ろしている時には自然なドレープをつくる袖も、腕を上げれば方形の平面となります。着た時の文様の再現性は、きものの特徴の一つで、その下地の上に、友禅染めの技法による自由な絵画的表現が加わって、きもの独自の文様表現が生まれたといえましょう。

さらに「風景」文様の発展には、江戸中期以降の旅行ブームも大きく貢献しました。江戸後期には、現代の旅行ガイドブックに通じる『旅行用心集』（文化７年〈１８０２年〉刊／八隅蘆菴著）、『東海道中膝栗毛』（享和２年〈１８１０年〉〜文政５年〈１８２２年〉刊／十返舎一九著）に代表される旅行記など、多数の旅行関連本が出版されており、各地の観光名所を描いた浮世絵も人気で、小袖の文様にも各地の名所風景を好んで取り入れたのです。

■美しい日本の風景も、文様のモチーフとなり、きものに描かれた。

▲歌川広重『近江八景』より

▲歌川豊国『名勝八景』より

▶横長の紙や絹に、情景や物語を連続して描いた「絵巻物」

▶雪舟の筆による「山水画」

松竹梅《しょうちくばい》

松、竹、梅、三種の植物を一緒に描いた文様は、室町時代に中国より伝わり、江戸時代以降、日本独自の解釈が加わって、吉祥文様《きっしょうもんよう》「松竹梅《しょうちくばい》」としてお正月や婚礼、出産等の慶事《けいじ》に用いられるようになったといわれています。

松と竹は、厳寒の季節にも風雪に耐え、葉の緑も色褪《いろあ》せず瑞々《みずみず》しさを保ち、また、梅は寒中《かんちゅう》、百花《ひゃっか》にさきがけて香り高く開花し、春の訪れを告げることから、中国では、松、竹、梅を寒中における三友とみなして「歳寒三友（さいかんのさんゆう）」と称したということです。

「歳寒三友」＝「松竹梅」は、中国文人の高潔な志操「精廉潔白《せいれんけっぱく》・節操《せっそう》」を表現するものとされ、宋代（北宋九六〇～一一二七／南宋一一二七～一二七九）より始まった中国の文人画《ぶんじんが》で好まれた画題の一つでもありました。

日本でも、松は常緑であることから常磐木《ときわぎ》とも呼ばれ、古くから長寿や慶賀を表わす吉祥樹として、また霊力を持つ樹木として尊ばれていました。成長が早く真っ直ぐ伸びる竹は、竹取物語でかぐや姫が竹を依代《よりしろ》として生まれたように、神聖視されていました。そして奈良時代以前に中国より伝えられた梅は、芳香と気品のある可憐な花が人々に好まれ、学問の神様といわれる菅原道真《すがわらのみちざね》がこよなく愛した花木としても有名です。

現代でも、松、竹、梅の組み合わせは、お正月の松飾り、熨斗《のし》のデザイン、婚礼衣装などに見られます。また、それぞれ単独でも用いられ、文様デザインのバリエーションも豊富で、きものの文様としても人気があります。

▲菅原道真公を祀る太宰府天満宮（福岡県）。京の都から太宰府に左遷されることとなった道真は、紅梅殿の梅の木に「こちふかば　にほいおこせよ　梅の花　あるじなしとて　春な忘れそ」と、別れの歌を詠んで旅立つが、その後を追って梅の木が飛来したという飛梅伝説がある

◀中国の文人画で竹を描いたもの。文人画は、元々は絵には素人である官僚などの文人（知識人、文化人）が描いた絵からはじまった

▲松明（たいまつ）：その字の示す通り、元々は可燃性の樹脂（松脂／まつやに）を多く含んだ松の根や幹をそのまま燃やして夜を照らす灯として使った。松明の火は、実用的な目的だけでなく、オリンピックの聖火、お盆の迎え火、送り火など、儀式にも欠かせない

松葉を亀甲形にデザインした小紋／文様が全て上向きの付下げ小紋です。フォーマル感のある小紋なので、帯も格調の高さを感じさせるようなものがオススメです。ここでは、格の高い綴れ織（つづれおり）のなごや帯を合わせています。

桜《さくら》

「桜」は、日本の代表的な花として、昔も今も日本人に愛されています。古来より日本では、花といえば「桜」を指し、花衣《はなごろも》、花の幕、花の宴《えん》、花篝《はなかご》、花吹雪《はなふぶき》、花冷《はなびえ》、花曇《はなぐもり》など、花＝桜にまつわる言葉も数多く、今日でも、3月になれば、南北に長い日本列島の、桜の開花時期を知らせる『桜前線《さくらぜんせん》』のニュースが毎日伝えられ、桜の名所はたくさんの『花見《はなみ》』客で賑わいます。

『花見』は、元々は農作に先立ち秋の収穫を占う神事であったということですが、平安時代には花見といえば桜の花見を意味することとなり、花見の行楽は、以後耐えることなく一層華やかになり、現代へと伝えられています。

春になると美しい花を咲かせる「桜」のほとんどは日本の固有種《こゆうしゅ》で、もちろん他の国々にも固有の桜がありますが、日本に最も多くの種類が集中しています。ちなみに現在、『桜前線』の基準となっているソメイヨシノ（染井吉野）は、江戸末期に開発された園芸品種で、古代の桜は、山に咲くヤマザクラや八重《やえ》咲きの桜が一般的でした。また、食用のサクランボがなるのは西洋種で、明治初期、ドイツ人のガルトネルによって北海道に植えられたのが始まりだとされ、その後改良が加えられて、日本のサクランボとなりました。

昔から日本人に慣れ親しまれてきた「桜」ですが、きものの文様として見られるのは桃山時代以降で、吉祥文様とされる「松竹梅」や「四君子《しくんし》」に「桜」は含まれません。文様としては、むしろ現代の方が人気があるかもしれません。

◀古来より、日本人に愛されてきた桜は、菊と並び日本の国花とされている。万葉集に「梅の花　咲きて散りなば　桜花　継ぎて咲くべくなりにてあらずや」とあるように、梅に続いて花を咲かせ、春の景色を鮮やかに彩る

小桜柄の江戸小紋／抹茶色の小桜柄の江戸小紋に、江戸時代元禄の頃の歌舞伎風俗を織り出したなごや帯のコーディネイト。満開の桜の木の下で華やかに踊るカブキモノ…お花見や宴席をイメージさせる文様の組み合わせです。

藤《ふじ》

「藤」は、藤紫という色もあるように、花の色は鮮やかな紫色が一般的ですが、白藤と呼ばれる白色の花を咲かせるものや、紅色のものもあります。マメ科の蔓《つる》性の落葉樹で、蔓を四方八方に伸ばし、花の房を長く垂らした独特の形をしています。観賞用にも用いられましたが、藤蔓の繊維からは紐や布が作られ、古来より人々の生活と深く関わってきました。

日本の山野に自生する藤の蔓《つる》から取り出した繊維を紡いで織り上げられる「藤布」は、木綿が日本全土に普及する16世紀以前までは、庶民の衣服にも用いられていました。古くは、縄文の時代に見られることから、「原始布」とも呼ばれています。また藤の蔓を利用して家具や籠《かご》が作られ、蔓の茎皮の繊維を原料とする藤紙も作られていました。

平安時代、「藤」は、藤原氏全盛の象徴として文様としての栄華を極め、公家《くげ》装束《しょうぞく》には「藤」の丸文（藤ノ丸）が施され、有職《ゆうそく》文様として盛んに使われます。

家紋においても、藤紋は、菊紋、桐紋と並んで種類形状が豊富で、花と葉で構成されるもの、花だけのもの、枝の付いたもの、他のモチーフと組み合わせたものなど様々で、花穂が上を向いて円くなったものは上り藤、下を向いたものは下り藤と呼ばれています。

江戸時代には、藤の花は下に垂れ下がって咲くので、商家では家運が下降するとして敬遠されたこともあったようです。重力に逆らい、花の房が上を向いた「藤」の文様が多々見られるのは、花の房を上に向けることで上り藤とし、縁起《えんぎ》を担いだのでしょう。

▲藤娘（ふじむすめ）：“若むらさきに　とかえりの　花をあらわす　松の藤浪”ではじまる長唄や、日本舞踊、歌舞伎の演目として有名な『藤娘』は、江戸時代、東海道・大津宿の土産品であった大津絵を代表する画題であり、笠を被り、藤を担いで振り向く姿が描かれていた

▲装束に見られる藤文様：藤の花の房を8つ、菱形に配した「八ツ藤菱」文様。その上にあるのは、雲に立涌（たてわく／たちわく）文様

▲家紋／藤ノ丸

▲家紋／八ツ藤菱

藤柄の染めのなごや帯／帯の中でも最も幅広く用いられるなごや帯は、染織の技法や文様の種類が多彩で、バリエーション豊富です。織のなごや帯よりぐっとくだけた印象の「染めのなごや帯」の文様は、そのモチーフやデザインに面白いものがたくさんあります。

菊《きく》

春の桜に対し、秋を象徴する「菊」の花は、天皇家の紋章《もんしょう》に用いられ、日本国のパスポートにも「菊」の紋章があしらわれています。秋になると、日本各地で菊祭りが開催され、菊の品評会や菊人形展などで菊の花を愛《め》でる習慣もあります。「菊」文様は、きものの文様としても大変人気があり、秋に限らず一年を通して用いられます。その多彩なバリエーションからは、日本人の「菊」に対する思い入れが伝わってきます。

そのため、「菊」は日本固有の花というイメージがありますが、実際には、奈良時代末期に、中国（唐）から薬草として伝わり、後に、重陽《ちょうよう》の節句《せっく》とともに、観賞の習慣が日本に伝えられたということです。重陽の節句とは、五節句の内の一つで、旧暦《きゅうれき》でちょうど菊が咲く頃の9月9日に行われます。菊の節句ともいわれ、菊の花を飾り、菊の香りを移した酒を酌《く》み交わして邪気《じゃき》を祓《はら》い、長寿《ちょうじゅ》を祈ります。『菊の被綿《きせわた》』という風習もあり、前日の夜、菊に真綿《まわた》を被《かぶ》せておき、重陽の日の朝、菊の香りと露《つゆ》を含んだその真綿で身体を拭くと、長寿、若返りの効果があるといわれています。菊花の上に丸く形づけられた真綿がちょこんと乗っかった姿は、とても可愛らしいものです。

「菊」は中国では、「翁草《おきなぐさ》」「千代見草《ちよみくさ》」「齢草《よわいくさ》」ともいわれ、邪気を祓い長生きする効能があると信じられていたので、日本でも「菊」は長寿を意味するようになりました。「菊」の文様は、平安時代には吉祥文様として、好んで装束に用いられるようになり、江戸時代には一般庶民にも広がりました。

▲菊の被綿（きくのきせわた）：
菊花の上に、丸く形づけられた真綿がちょこんと乗っかった姿がとても可愛らしい。白菊には黄色の真綿、黄色の菊には赤い真綿、赤い菊には白い真綿を被せ、さらに真綿の中心には、小さく丸めた真綿を蕊（しべ）のように乗せます

[五節句とは？]

中国・唐から伝えられた暦の上での風習で、暦法で定められた季節の変わり目を『節』といい、季節の節目となる日を『節句』という。

五節句には、
『人日（じんじつ）』1月7日／七草
『上巳（じょうし、じょうみ）』3月3日／桃の節句、雛祭り
『端午（たんご）』5月5日／菖蒲の節句
『七夕（しちせき、たなばた）』7月7日／たなばた、星祭り
『重陽（ちょうよう）』9月9日／菊の節句
がある。

むじな菊の江戸小紋／繊細で細かい「むじな菊」の江戸小紋に、格調高い「花の丸」文様を織り出したなごや帯、御岳組（おんたけぐみ）の多色遣いの帯〆に、山吹色の帯揚げをコーディネイト。大人の女性の品格を感じさせる、格調高い装いです。

柳《やなぎ》

早春、冬枯れの景色の中、真っ先に黄緑色の新芽をのぞかせる「柳」は、冬の終わりを告げ、春の訪れを知らせてくれます。

「柳」の葉の色は、色名にも使われ、やや灰みを含んだような、明るく柔らかな色調の黄緑を『柳色』といい、また、柳色よりやや白みを帯びた色を『裏葉柳』と呼び分けるセンスは、自然に対する、日本人の繊細な観察眼を感じさせます。

平安時代の装束に用いられた重ねの色目でも、表白、裏青（緑）の『柳』重ねをはじめとして、『青柳』『花柳』『黄柳』『薄柳』などのバリエーションが見られ、平安貴族も、若々しい生命力に溢《あふ》れ、風にたおやかに揺れる「柳」を好んでいたことが窺《うかが》えます。

古来、「柳」は、松と同様に〝神の依《よ》る木〟と考えられており、お正月のお雑《ぞう》煮《に》をいただく時の柳箸《やなぎばし》、祝い酒を贈る時の柳樽などに見られるように、神事《しんじ》をはじめ悪魔祓《あくまばら》いや縁起物《えんぎもの》に用いられてきました。

しかし、その反面、幽霊や妖怪に結び付けられ、邪気《じゃき》の出る木として嫌われる場合もありました。ヨーロッパでも、柳は葬送の哀しみを象徴する木とされ、ドイツでは街路樹に植えるのを嫌ったということです。

＊

また、「柳」の樹皮や葉にはサリチル酸が含まれることから、解熱、鎮痛、消炎作用があり、古くは解熱鎮痛薬として使われてきました。日本でも、その薬効成分は認知されており、歯痛止めや爪楊枝の材料として用いられてきました。

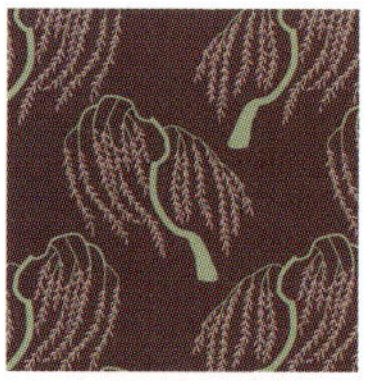

▼重ねの色目『黄柳』

▼重ねの色目『柳』

▼裏葉柳

▼柳色

▲枝垂れ柳に流水、渦巻き、そして様々な風景を点々と描いた振袖

◀結び柳：茶道の正月や初釜の床荘り（とこかざり）の一つに「結び柳」というかざりがある。枝先を整えた柳の枝を、柳の枝の輪で束ね、枝先を床の間の床いっぱいに流したもので、“柳の枝を結んで旅立つ人への餞（はなむけ）とし、再会を祈ったという中国の故事”にちなんで、一陽来復を祝う心を表している

柳に唐草の小紋に、染めのなごや帯／ちりめん地に鹿子模様を絞り染めで表わした、朱色の染めのなごや帯を合わせました。きものと帯のベーシックな組み合わせとして、"染めのきものに織の帯" といわれますが、"染めのきものに染の帯" もいいものです。お芝居、お食事、お稽古の会など、プライベートのお出掛けが一層楽しくなるような小紋の装いです。

椿《つばき》

「椿」は日本原産の花木で、『日本書紀』や『万葉集』にも、その名が見られます。『日本書紀』には、ツバキの枝で椎《つち》を作り、武器として戦った…という記述があり、正倉院には『卯日椿杖《うのひのつばきづえ》』と呼ばれる、樹皮の付いたままの椿の細い幹を装飾し、杖にしたものが残っているそうで、正月の卯《う》の日に行われた悪鬼《あっき》を祓《はら》う行事に用いられたということです。

＊

「椿」の材は極めて堅く、日本書紀にもあるように古くは武器として用いられ、家具や調度品、仏像の材料としても使われていました。種子から抽出される『椿油』は、食用、灯用、化粧用として用いられ、椿の葉を焼いて作り、紫染に用いられた『椿灰』は、万葉集にも詠《よ》まれています。椿灰は、蒔絵《まきえ》の研《と》ぎには欠かせない材料であり、椿灰粉も仕上げ研ぎに用いられます。

「椿」という漢字は、春に咲く花木という意味で作られた国字で、中国名では山茶と書きます。椿に似た花木で、「山茶花《さざんか》」がありますが、これは秋に花が咲きます。椿は、花が首からポトリと落ちる様子が不吉なので、武士には敬遠され、家紋にもあまり使われなかったようです。現在も、仏壇にはふつう飾りません。なお、山茶花の花は椿とは異なり、花びらが散ります。

日本固有の花木である「椿」は、日本の歴史とともに生き続けてきた植物の一つですが、文様として本格的に登場してくるのは安土桃山の頃からです。広く用いられるようになるのは江戸時代になってからです。

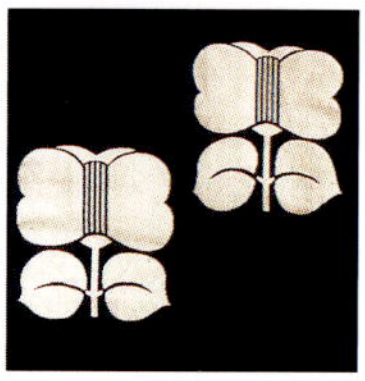

▲紅地椿唐草文様錦（東京国立博物館／13～14世紀／元～明初〈中国〉）

▼日本固有の花木である椿は、万葉集にも多く詠まれている

▼椿油

[万葉集に詠まれた椿灰]

紫は　灰さすものぞ　海石榴市（つばいち）の
八十（やそ）の街（ちまた）に　逢へる子や誰れ

『海石榴』は『椿』を表す中国の古名で、唐代初期に日本から椿がもたらされた際に、石榴（ざくろ）のように美しい花をつける異国の植物の意味で『海石榴』の字が当てられたという。後に、『山茶』の字が当てられた。

紫草の染色で、椿の灰汁を加えると良い色が出ることから、“海石榴市（海柘榴市／つばいち）”を導く序詞として“紫は　灰さすものぞ”とした。

海石榴市（海柘榴市／つばいち）は日本最古の市場とされる所で、街道が交わる交通の要所であった。現在の奈良県桜井市にあったとされる。

椿の小紋に椿の帯／きものと帯の文様を揃えたり、関連する文様を組み合わせたり、小紋には文様をコーディネイトする楽しみもあります。光沢のある椿の小紋に、綴れの椿文様の帯。優しく華やかな印象の、フォーマル感のある装いです。

楓《かえで》・紅葉《もみじ》

「楓《かえで》」は、古くは、切れ込みのある葉の形状がカエルの手に例えられ『蝦手《かへて》』『蝦蟇手《かへて》』と表記され、また『加比留提《かいるて》乃木《のき》』ともいわれていました。日本に現存する最古の歌集『万葉集』にも、

・我が宿にもみつ蝦手見るごとに
妹を懸けつつ恋ひぬ日はなし(田村大嬢)

・子持山若かへるでのもみつまで寝もと
我は思う汝はあどか思う(作者不明)

と、詠まれています。

特徴的な形状を持つ「楓(かえで)」の葉を図案化した文様は、春の桜と並んで古くから文様として用いられ、親しまれてきました。

上代から鎌倉期までの和歌を、年代順に一首ずつ百首集めた『百人一首』には、

・奥山に 紅葉踏み分け 鳴く鹿の
声聞く時ぞ 秋は悲しき(猿丸大夫)

・あらし吹く 三室の山の もみじ葉は
竜田の川の 錦なりけり(能因法師)

などと、「紅葉」を詠んだ歌があります。

「紅葉」をモチーフとした文様は、『鹿』や『川』と組み合わされ、秋の文様として、古くから用いられています。

本来は、秋になり、霜が降りて、草木が赤や黄色に変化することを、『もみいづる』『もみづる』といったことから、葉の色が赤や黄色に変色する植物を総称してモミジと呼んでいたということですが、現在では、秋になって葉の色が紅葉した「楓」を「紅葉」と呼ぶことが多いようです。

紅葉を鑑賞する『紅葉狩り』の習慣は平安の頃に始まったとされ、江戸時代の浮世絵にも描かれ、春の『お花見』の行楽と同様、今に残っています。

▲紅色立涌地紋の振袖：菊、牡丹、藤、紅葉、橘、椿など、四季折々の花々が金糸銀糸で刺繍されている

◀秋の深まりとともに、木々の葉がだんだんと赤や黄色に染まっていく美しい日本の風景

[舶来の赤を紅（くれない）といい、染色法からモミと呼んだ]

古代は、赤い色を染めるために主に茜（あかね）が用いられていたが、中国の呉（くれ）から紅花（べにばな）がもたらされ、呉から渡来した藍（染料）の意味で『呉藍』の字が当てられ、『くれない＝紅』になったといわれている。

紅花は、よく揉んで染めることから『もみ（紅絹）色』と呼ばれるようになったという。

紋りの小紋に楓・紅葉・桜文様の袋帯／白地のきものに黒地の帯、補色関係にある色（反対色）の組み合わせは、和の伝統的な配色です。

薔薇《ばら》

古代エジプトでは愛の女神・イシスに捧《ささ》げられ、また古代ギリシアでは愛と美の女神・アフロディテ（ヴィーナス）に捧げられたという「薔薇《ばら》」の花。

アフロディテの誕生を描いた有名な絵画『ヴィーナスの誕生』（サンドロ・ボッティチェリ画／15世紀）には、ヴィーナスが海の泡から生まれた時、一番最初に咲いたといわれるバラの花々が、ヴィーナスの隣に幾つも描かれています。キリスト教との結びつきも強く、宗教画ではしばしば、バラの園の中でキリストを抱く聖母マリアの姿が描かれています。

「薔薇」の花は、東洋を象徴する『菊』『蓮《はす》』に対して、西洋を象徴する花といえるでしょう。18世紀には、家具や調度品、衣装などに、「薔薇」の文様が好んで用いられました。

西洋のバラを描いたものは、江戸時代末期の工芸品やきもの、浮世絵に見られるものの、本格的に普及するのは明治以降のことです。西洋文化の影響を強く受けた大正モダニズムの流れに乗って、きものにも大輪の「薔薇」文様が取り入れられるようになり、大正から昭和にかけて流行した銘仙《めいせん》のきものには、「薔薇」文様のモダンな柄が多く見られます。そして現在も、「薔薇」はきものの文様として高い人気を誇っています。

こうして見ると、「薔薇」は西洋のものという印象が強いのですが、実は日本にも古くからあり、万葉集にも歌が残っています。ただ、西洋の大輪のバラのような華やかさはなく、俗に野バラと呼ばれ、5～6月になるとリンゴの花に似た素朴で可憐な花を咲かせます。

▲サンドロ・ボッティチェリの『ヴィーナスの誕生』（イタリア・ウフィッツィ美術館蔵　1480 年頃）

▲フランス・ノートルダム寺院のバラ窓（ステンドグラス）

薔薇の小紋／爽やかなグリーン地のバラ文様の小紋に、白地に金で花文様を織り出した袋帯を合わせました。フェミニンなワンピースのような感覚で着こなしたい、小紋の装いです。

笠《かさ》・傘

江戸時代、町人文化の発達とともに、きものの文様のモチーフは、身の回りのあらゆるものに求められるようになり、多彩な文様のバリエーションが生まれました。

外出の際、雨や雪除《ゆきよ》け、日除《ひよ》けに被《かぶ》る「笠《かさ》」も、その一つです。『編笠《あみがさ》』『塗笠《ぬりがさ》』『花笠《はながさ》』『市女笠《いちめがさ》』など様々な種類形状がありますが、その曲線的な形の面白さが好まれたのでしょうか、桜や藤、菊、紅葉など、他の文様とも組み合わされて、きものの文様によく用いられ、家紋のモチーフにもなっています。

頭に被る「笠」ではなく、柄《え》を持って差す「さし傘」も古くからあり、江戸時代にはやはり、家紋やきものの文様のモチーフとなっています。しかし、こちらの「傘」が一般庶民に普及するのは江戸中期以降で、それまでは、「傘」は主に、身分の高い人が用いるものでした。昔ながらの「傘」は『唐傘《からかさ》』と呼ばれますが、それは中国（唐）より伝わったことを物語っています。「傘」は元々、貴人に差しかける天蓋《てんがい》として古代中国で発明され、仏教の伝来とともに日本に伝えられたということです。

江戸時代のきものには、「笠」「傘」の他にも、『扇《おうぎ》』『団扇《うちわ》』『将棋《しょうぎ》の駒《こま》』『銭形《ぜにがた》』『瓢箪《ひょうたん》』『化粧道具』など、生活にちなんだ様々なものが文様のモチーフとして取り入れられており、江戸の庶民がファッションを大いに楽しんでいた様子が窺《うかが》えます。武士の裃《かみしも》の柄から発達した『小紋』も、庶民の趣向が取り入れられるようになってから、遊び心のある面白い柄がたくさん生み出されました。

［いろいろな小紋柄］

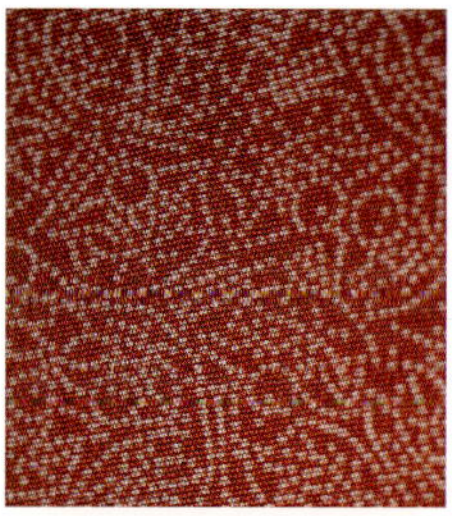
▼雀（すずめ）

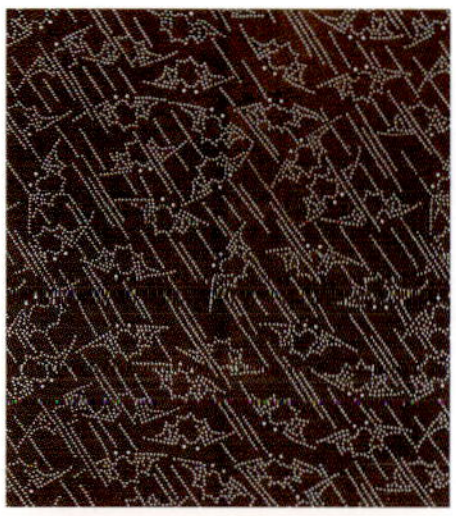
▼雨に蝙蝠（こうもり）

▼唐辛子（とうがらし）

▼糸切りバサミ

▼雪だるま

▼海老（えび）

▼丁子（ちょうじ）

▼櫛（くし）

唐傘柄の小紋に半幅帯／遊び心のある唐傘柄の小紋にお揃いのバッグがオシャレ。60cm 以上のハギレが出れば、お揃いのバッグを作れます。草履の鼻緒を共布で揃えても楽しいですね。帯は気軽な半幅帯を合わせてカジュアルに…。レースのリボンを帯〆風に結んで、可愛らしさをプラスしました。

麻の葉《あさのは》

６個の菱形《ひしがた》を結び付けたような六角形が、植物の「麻」の葉の形状に似ていることから、日本では「麻の葉」と呼ばれていますが、縦、横、斜めの直線の交差で構成される、完全な幾何学《きかがく》文様です。

＊

江戸時代に大流行した文様の一つで、この頃には「麻の葉」と呼ばれていたことは文献からも明らかですが、既に、鎌倉時代の仏教美術の装飾文様にも、完成度の高い麻の葉の繋《つな》ぎ文様が見られ、果たして、いつ頃から「麻の葉」と呼ばれていたのかは定かではありません。

木綿が全国に普及する江戸後期以前までは、庶民の衣服の材料には『大麻《たいま》』『苧麻《ちょま》』の繊維《せんい》を織った「麻」が用いられていました。

庶民にとって「麻」は、古来より身近な親しみ深い植物であり、その葉の形に由来して名付けられた「麻の葉」文様は、“麻は成長が早く、真っ直ぐに伸びる”ことから、“健やかな子の成長”に結びつけられて、幼児の産着《うぶぎ》や浴衣《ゆかた》などに用いられました。

「麻の葉」文様が、きもの、帯、長襦袢、袋小物などに幅広く用いられ、江戸庶民に愛されていたことは、江戸の風俗を今に伝える浮世絵《うきよえ》や、歌舞伎《かぶき》の衣装からも窺《うかが》えます。

＊

典型的な幾何学文様でもある「麻の葉」文様は、『鹿《か》の子《こ》麻の葉』『破《くず》れ麻の葉』『松皮《まつかわ》麻の葉』『麻の葉くずし』『輪違い麻の葉』など変化形も多く、地紋《じもん》として用いられる他、他の文様との組み合わせも多く見られます。

▲鳥高斎栄昌『廓中美人競＿松葉屋内染之助』

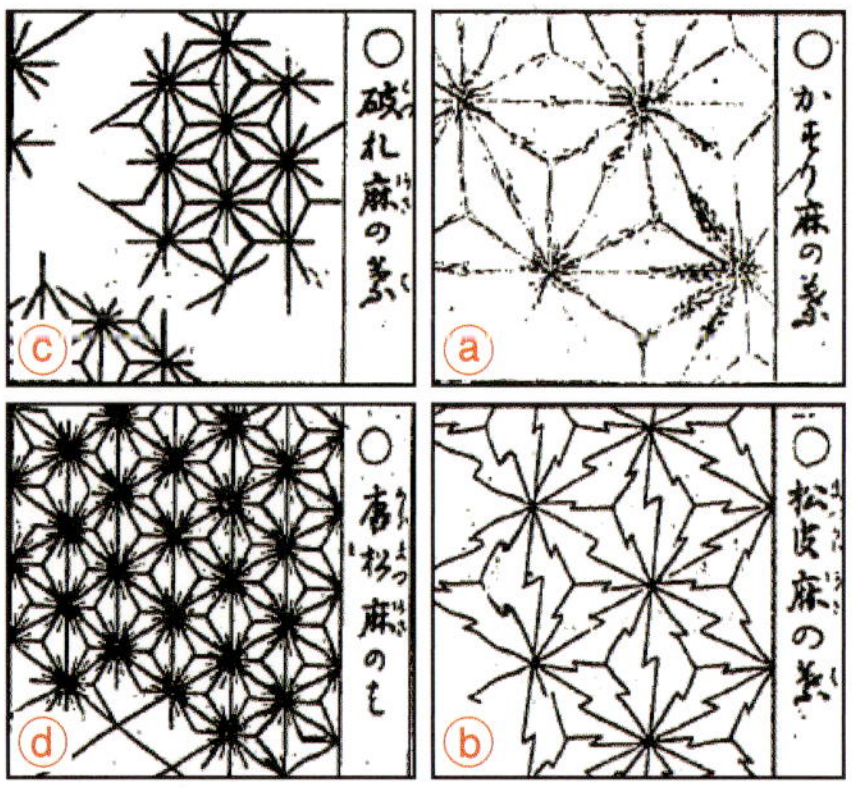

▲唐草模様紋帳大全（片岡義助編／明治18年）より：ⓐかすり麻の葉 ⓑ松皮麻の葉 ⓒ破（くづ）れ麻の葉 ⓓ唐松（からまつ）麻の葉

麻の葉にバラ、桜文様の小紋／ピンクの大きな花に、レース、リボンなど、女の子が大好きな可愛い小物をたくさん集めて、麻の葉模様にバラと桜がデザインされたとっても可愛い小紋とコーディネイト。キュートでロマンティックな、遊びゴコロいっぱいの小紋の装いです。

幾何学文《きかがくもん》

直線、曲線、三角形、四角形、多角形、正円形、楕円形《だえんけい》など、幾何的な線分、図形からなる「幾何学文」は、原始の時代より世界各地で自然発生的に生み出され、発達してきました。

国際交流の中で、ある地域から世界に伝えられたと考えられる幾何学文もありますが、人類共通の装飾本能から各地で同時発生的に生み出されたものも多数あると考えられ、そうして発生したさまざまな幾何学文は、互いに影響し合いながら、それぞれの国や地域で独自の発達を遂げてきました。

日本でも、縄文、弥生時代の遺跡に、幾何学文の多彩なバリエーションが見られ、さらに中国や朝鮮との交流を経て、日本の自然風土、文化を背景に、独自の意味が込められ、発達してきました。

様々な幾何学文が、日本の伝統文様として今に伝えられていますが、文様構成のデザインバリエーション以上に興味深いのは、先に挙げた、青海波《せいがいは》、亀甲《きっこう》、縞《しま》、霰《あられ》、市松《いちまつ》、流水《りゅうすい》、麻《あさ》の葉《は》等をはじめ、七宝《しっぽう》、鱗《うろこ》、籠目《かごめ》、檜垣《ひがき》、工字繋《こうじつな》ぎ、松皮《まつかわ》菱《びし》など、無機質な幾何学文に付けられた名称の面白さです。同じ様な文様が世界各地に見られるとはいえ、その名称は日本独自のもので、文様の名には各国、各地域の独自性が顕著《けんちょ》に表れているといえましょう。中には、奈良時代は石畳《いしだたみ》、平安時代の有職文様では霰文《あられもん》、江戸時代には市松と、同じ文様ながらも、時代によって呼び名が変わった文様もあります。

ここでは、先に紹介しきれなかった様々な幾何学文とその名称を紹介しています。

松皮菱《まつかわびし》

「菱」文様の変形で、菱形の上下に小さい菱形を重ねた『子持ち菱形』の連続模様。松の皮を剥がした形に似ていることから「松皮菱」の名が付いた。松皮菱の中に文様を入れたり、きもの全体の模様構成に使われたりする。

菱《ひし》

菱形を基本形とした文様。縄文土器にも見られる単純な幾何学文なので、『入子菱（いれこびし）』『業平菱（なりひらびし）』『花菱（はなびし）』『向かい鶴菱（むかいつるびし）』『武田菱（たけだびし）』『松皮菱（まつかわびし）』などバリエーションも多い。

襷《たすき》

線分をタスキ状（斜め十文字）に交差した文様。線分に限らず、文様が斜めに交互に配置された文様（鳥襷文など）も「襷」と呼ばれる。菱形が表れるので、その空間に様々な文様を入れた変化形も多い。「襷」文は、線を中心に見た場合の名称で、面を中心に見れば「菱」文となる。

霞の江戸小紋に入子菱文様の袋帯／菱形の中にいくつかの菱形を入れた「入子菱」は、いれこびし、いりこびしと呼ばれ、正倉院裂にも見られる日本の代表的な伝統文様です。

立涌《たてわく》

波状の曲線を縦に、向かい合わせに配置した文様（横に配置したものもある）。水蒸気がゆらゆらと立ち涌いて昇っていく様子を表わしているという。「立涌（たてわく）」は、たちわく、たてわき、たちわき、たてわきとも読まれる。左右に膨らんだ空間に、雲や花などの文様を入れたものが多い。

鱗《うろこ》

正三角形、または二等辺三角形を連続して並べた文様で、魚や蛇の鱗に似ていることから付いた名称。古代から世界各地に見られ、日本でも古墳の壁画や埴輪に使われている。三角形には呪力があるとされる。歌舞伎の娘道成寺では、清姫が蛇の化身となる時の衣装に、能では鬼女の衣装の文様などに用いられる。

七宝《しっぽう》

同じ大きさの円の円周を、1/4 ずつ重ねて繋いでいった文様で、有職文様では「輪違い」とも呼ばれる。仏教では、金・銀・瑠璃・玻璃・珊瑚・瑪瑙・蝦蛄の七種の金属、宝石を七宝と称したというが、文様の七宝との関係は不明。七宝の円形は円満を表わし、吉祥文様として定着し、宝尽くしの一つにも数えられる。

檜垣《ひがき》

檜の薄皮、つまり檜皮（ひわだ）を、縦・横・斜めなどに組んだ時に表れる具象的な幾何学文様を文様化したもの。「網代（あじろ）」とも呼ばれ、バリエーションも多い。

籠目《かごめ》

竹籠の編目を文様化したもの。「篭目」とも書く。籠の目には、強力な魔除けの力があると昔から信じられていた。籠の目の一つ一つは、正三角形を上下に重ねた星形六角形であり、強力な魔力を象徴するといわれる『六芒星（ろくぼうせい）』となる。

網目《あみめ》

波状曲線を、向かい合わせに、頂点を密着させて配置した文様。魚を捕る時の『網の目』を文様化したもの。魚や海老、蛸などの海に関連した文様をはじめ、様々な文様と組み合わせて用いられる。網は水に関連することから、夏の浴衣や手拭いなどにも染められる。

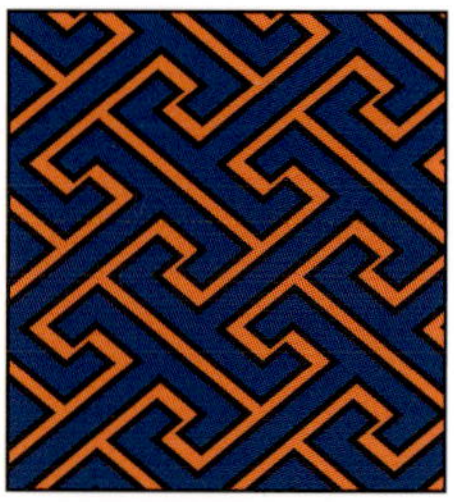

工字繋ぎ《こうじつなぎ》

『工』の字を繋ぎ合わせたような連続文様。『工』の字形は、単純な幾何学的構成で表わすことができるので、縄文時代晩期〜弥生時代の土器の文様にも『工』の字に似た『工字文』が見られる。

分銅繋ぎ《ぶんどうつなぎ》

ゆるやかな波状曲線をタスキ状に斜めに交差してできる連続文様で、一つ一つの文様が、物の目方を計る『分銅』の形に似ていることから「分銅繋ぎ」「分銅菱」などと呼ばれる。『卍』を崩した形でもあることから「卍崩し」ともいう。ちなみに『分銅』は、縁起物として宝尽くしの一つに数えられている。

紗綾形《さやがた》

『卍（万字）』を崩した連続文様で、「卍崩し」とも呼ばれるが、江戸時代に舶来の絹織物・紗綾織の地紋として使われていたので「紗綾形」と呼ばれるようになった。インドでは、『卍』は吉祥の印とされ、それが仏教とともに中国を経て日本に伝わったとされ、今も寺院の地図記号として用いられる。

伊勢型紙なしでは、小紋は語れません。

JAPANESE TEXTILE STENCILS

小紋などの型染めのきものに、なくてはならないといわれる伊勢型紙。
名前は耳にするものの、目にする機会もない。
はたして、伊勢型紙とは…

▲現在は「伊勢型紙資料館」として開放されている、白子・寺家地区（三重県鈴鹿市）を代表する型紙商家『寺尾家』。往時は、地紙づくりから型紙彫り、商いまで、一貫した生産・販売体制を築き上げ、型紙の品質向上に寄与していたようだ。写真左上に見えるのが蔵で、三棟あった内の二棟。寺尾家が扱う型紙の原料は紙であるから火にめっぽう弱い。漆喰の壁の表面は普段は板材で囲ってあるが、外からの出火に際しては、閂（かんぬき）を抜き取って板材を外し、延焼を防いで中の型紙を保護したのだという

一般にきものは、『先染《さきぞめ》』と『後染《あとぞめ》』の二種類に分けられるといいます。先染は、先に白糸を染めてから織ったものを指し、後染は、白生地を後から染めたものを指します。

さらに後染は、柄付けの方法により、『手描き』と『型染《かたぞめ》』に分けられます。手描きは、絵師が直接白生地に絵筆を入れていく方法で、型染は彫師の彫った型紙を白生地にのせ、染料や糊を置いて染めていく方法を指します。

小紋、ひいては江戸小紋と呼ばれる柄は、基本的に『型染』で染められます。遠目には無地に見えるほど細かく柄付けされた『鮫《さめ》』『行儀《ぎょうぎ》』『通し』といった、江戸小紋を代表する緻密で繊細な模様も、『型紙』から生み出されます。

特に、職人の『手』によって彫られる江戸小紋の極細の柄は、その微妙な不均等さが醸し出す『味わい』において、現代のテクノロジーをもってしても再現不可能といわしめているようです。

このような技術の発達は、職人のたゆまぬ研鑽はもとより、産地、伊勢の風土に大きく起因していることは想像に難くありません。

『寺尾家』復元模型（縮尺：1/50）

伊勢型紙資料館

型紙関係の商家として栄えた寺尾家住宅に、型紙資料等が展示してある。＊開館時間／午前10時〜午後4時 ＊休館日／月、第3火、金、年末年始 ＊入場料／無料

〒510-0242 三重県鈴鹿市白子本町 21-30 ☎ 059-368-0240

伊勢型紙の産地・鈴鹿に、
突彫り職人 木村孝司さんを訪ねる

息をつめ、刃先を地紙へ垂直に突き刺し、精緻な模様を彫り抜いていく。
「ザッ、ザッ」と、地紙を切る小刀が刻む小気味いいリズムの中、
突き彫り職人の木村さんは黙々と仕事に没頭します。

photo & text_Junichi Taguchi

伊勢型紙のふるさと、白子の浜

伊勢参宮街道の道標が残る鈴鹿の街並み

伊勢湾で獲れる豊富な海産物を、京阪地区へ運び出す集積地として、また、伊勢神宮へ詣でる参拝者の参詣道として賑わったという白子・寺家地区。300年もの時を隔てた現代でも、往時の面影は街の随所に残っている

型紙を彫るという作業は、常に尋常ならざる集中力の維持が要求される苛酷な仕事といえます。

突彫り（つきぼり）、縞彫り（しまぼり）、錐彫り（きりぼり）、道具彫り（どうぐぼり）、異なる四つの技法で、さまざまな模様の型紙がつくられ、ひとつの型紙が完成するまでには、一人の職人がかかりきりで、ほぼ2週間から1ヶ月という時間が費やされるといいます。

また、一枚の型紙を仕上げるのに使われる技法は殆ど一技法のみだそうで、そのため、彫り職人の間では技法の専任化が自然とできあがってきたようです。

一生涯かけて一技法を極める

型紙彫りの世界は、師事する親方の技法を受け継ぎ、一生涯かけて一つの技法を極めていくというのが不文律といいます。木村さんの場合も、弟子入りした祖父でもある親方が突彫り職人だったた

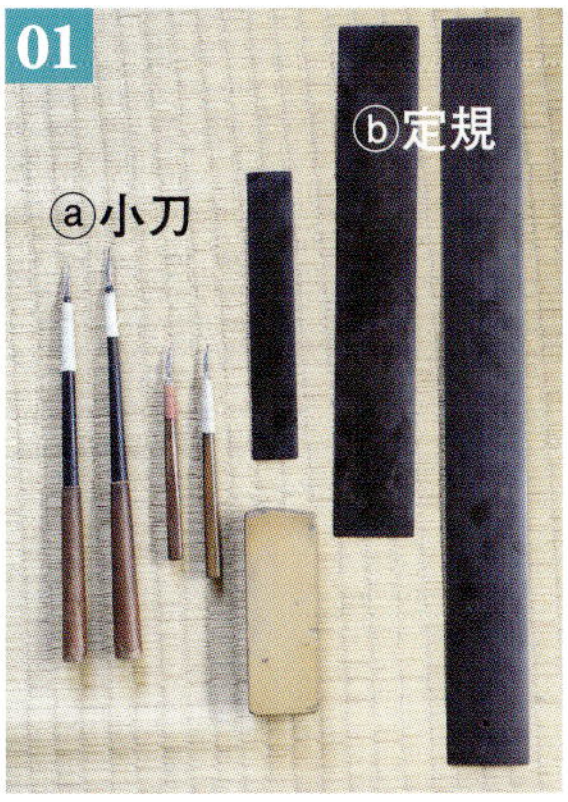

01 突彫りの道具類

ⓐ小刀／ふつうは柄が長く刃先の鋭い小刀（左）を用いるが、縞柄を彫る時は、柄が短く刃先の幅がやや広めの縞彫り用の小刀（右）を用いる
ⓑ定規／縞柄を彫る時に用いる。薄い鋼板製で、背が少しカマボコ型に湾曲している。上から押さえると、弾性によって定規が型紙に固定され、正確に縞が彫れる

02 小刀（しょうとう）の刃先

突彫りに用いる小刀の刃先は、鋭く尖っている。刃の幅は２ミリ、厚さは１ミリ程度

03 穴板

型紙の下に敷いて用いる。板には丸く穴があけられていて、穴の上で小刀を垂直に立て、上下に突き動かしながら文様を彫っていく。小刀が穴を外れて板に当たると、刃先はすぐに折れてしまう

め、自身も54年という歳月をかけて『突彫り』を極めてきました。

「個人差はありますけど、だいたい一つの技法で、ええもんが出来るまで10年かかります。四つの技法全部覚えとったら、それだけで40年ですわ。これじゃ、さてこれからって時に人生の方が終わりますわな（笑）。そやから職人は一つの技法を専門にやりますのや」と木村さんは云います。

それでも、図案のなかには他の技法を用いなくては彫れないところも出てくるそうで、たとえ突彫りの職人といえども、道具彫りや錐彫り、縞彫りも一通りできなくてはならないのだといいます。

使う道具が違う 型紙彫りの四技法

型紙彫りの四技法は、おおまかにいえば使う道具で分けられるのだそうです。特に道具彫りに用いる小刀《しょうとう》は、模様の種類だけ必要となるため、他の三技法に比べはるかに数多くの小刀を必要とするそうです。なかには一千本以上の小刀を有する職人さんも珍しくないそうで、なるほど柄の数だけ小刀があるというのも頷けます。

突彫りの木村さんの場合、所有する小刀《しょうとう》の数や種類は限られているようですが、それは突彫りの技法によるところが大のようです。

突彫りは、1〜2ミリという鋭利な刃先の微妙な加減ひとつで、無限の造形を彫りだすことができ

鈴鹿市伝統産業会館

三重県鈴鹿市の伝統産業「伊勢型紙」と「鈴鹿墨」。それぞれの製法や作品等が展示されている。＊開館時間／午前9時〜午後4時30分 ＊休館日／月、年末年始＊入場料／無料

〒510-0254 三重県鈴鹿市寺家3丁目10－1
☎ 059-368-7511

04 紙縒り（こより）
重ねた地紙がズレないように、四方数ヶ所を紙縒りで留めておく

05 小本（しょうほん）
これを元に、型紙に模様を写していく

06 天地型（てんちがた）
上下の柄をきちんと繋げるためのもの

07 突彫りの技法
小刀の刃は前方に向け、型紙に対してほぼ垂直に立てる。左手・人さし指の爪を刃の背に当て、彫る方向を定め、刃を突き動かしながら、左手人さし指で押すようにして前方へ彫り進んでいく

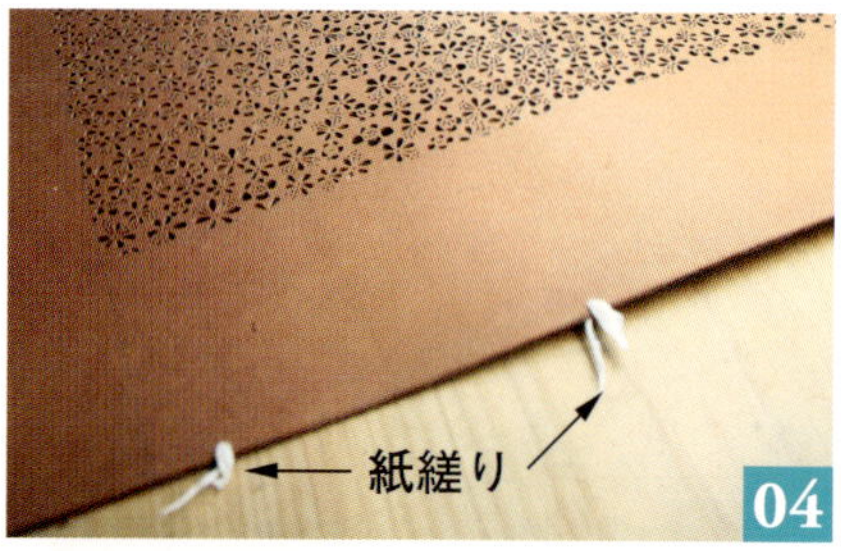

るといわれ、極端なはなし、職人は一本の小刀さえあれば食べていけるとさえいわれてきました。

　そのため、突彫りの親方に弟子入りすると、いの一番に刃《は》の研《と》ぎ方を教わるのだそうで、来る日も来る日も研いでは彫り、研いでは彫りを繰り返し、切れ味鋭く、且つ粘りのある刃に仕立てることができて初めて、それなりの模様が彫れるようになるのだそうです。

　ちなみに四つの技法で使われる道具は、すべて彫り職人の手づくりによるものだそうで、道具彫りにいたっては、小刀づくりというもう一つの仕事があるようなもので、二足の草鞋《わらじ》としかいいようのない環境での仕事が続きます。

彫る職人と染める職人 お互いの癖を知らんと いいもんはできません

　仕事はまず、紺屋《こうや》（染め屋）からの図案をもとに『小本《しょうほん》』という小さな見本をつくり、それを地紙に上下左右の柄をつなげながら写し、それから彫り始めるのだそうで、小本とは別に、型紙の天地の柄をつなげるため、あらかじめ『天地型《てんちがた》』というものも作っておくのだそうです。

　地紙には、地紙屋のつくる『三枚の美濃紙《みのがみ》を柿渋《かきしぶ》で重ねて接着したもの』が用いられます。

　地紙は、小紋か型友禅かで使うものが異なるそうで、小紋の場合、細かい仕事になるため、薄くて強いものを用いるのだそうです。もちろんこうした紙は切れ味もよく、彫っていて気持ちがいいと云います。

　こうした地紙を5〜8枚重ね、紙縒《こよ》りで留めて彫り始めます。彫る際は、下に穴を大中小三つあけた穴板を敷き、彫る位置を穴に合わせて彫り進めます。万一、刃が板に当たると、即座に欠けてしまうのだそうで、デリケートな作業がつづきます。

「染める職人は、型紙彫った職人の癖とか知らんと、いいもんはできませんな。同じことで、彫る方も染める職人の癖とか考えながら彫るんです」と木村さん。

　彫る職人と染める職人——。変わることのない、阿吽（あうん）の呼吸で、今日も『小紋』はつくられています。

紀州藩の鑑札（写真左）、型紙店の印半天（写真右）

紀州藩で発行された「鑑札」。江戸期における関所とは、現代でいう「空港の出入国カウンター」のような所で、そこを通過する人の身元や旅の目的などを細かくチェックした。この地の商人は、売買許可証ともいうべき鑑札を持つことで、スムーズに関所を通過できたに違いない

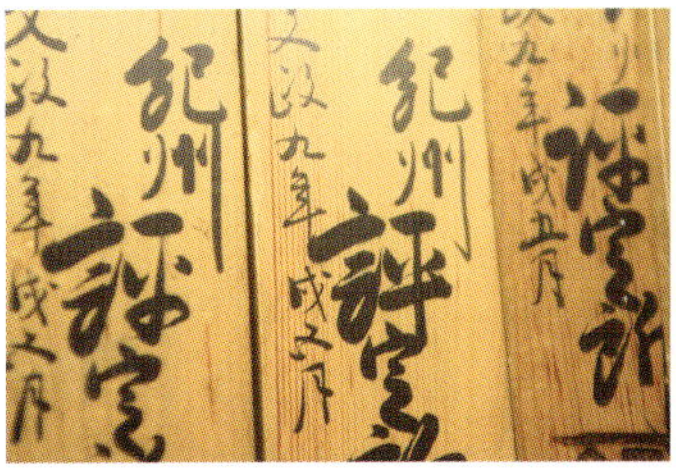

伊勢といえば、伊勢神宮

年間を通じ、参拝者が後を絶たない伊勢神宮は、内宮・外宮・別宮125社から成る。江戸期の文政13年には、当時の日本人の総人口3000万人に対し、500万人ともいわれる参拝者が訪れたという、日本人の総氏神ともいえる神社

伊勢型紙の一大産地、伊勢地方の白子・寺家地区

型染めにつかう型紙といえば、それは九分九厘、伊勢型紙を指す。
なぜ、伊勢はとてつもなく大きな型紙の産地となったのだろう。
伊勢型紙の起こりと変遷、技法を考察する。

photo & text_Junichi Taguchi

一説には、桜の葉の虫喰い模様が元になったと言われる「伊勢型紙」。はたしてその起源は、諸説紛々として、一向に推考の域を出ないというのが本当の所だといいます。

しかし、平安期に記された「形売共年数暦扣帳」という書に「白子地方に形売り四人あり」という記述がみられることから、すでに平安時代には、伊勢地方の白子・寺家地区において、盛んに型紙が作られていたことが窺《うかが》えます。

紀州藩の保護下で発展

江戸時代、白子《しらこ》・寺家《じけ》両村は徳川御三家の一つである紀州藩に編入され、藩の政策としてこの地域での型紙作りおよび型売り行商が大々的に推し進められました。

例えば、行商には、各国の関所通過をスムーズにするため「鑑札《かんさつ》」や「通り切手」を発効して流通の拡大が計られ、また、「株仲間」といわれる型紙協同組合のようなものを組織し、型紙製造に

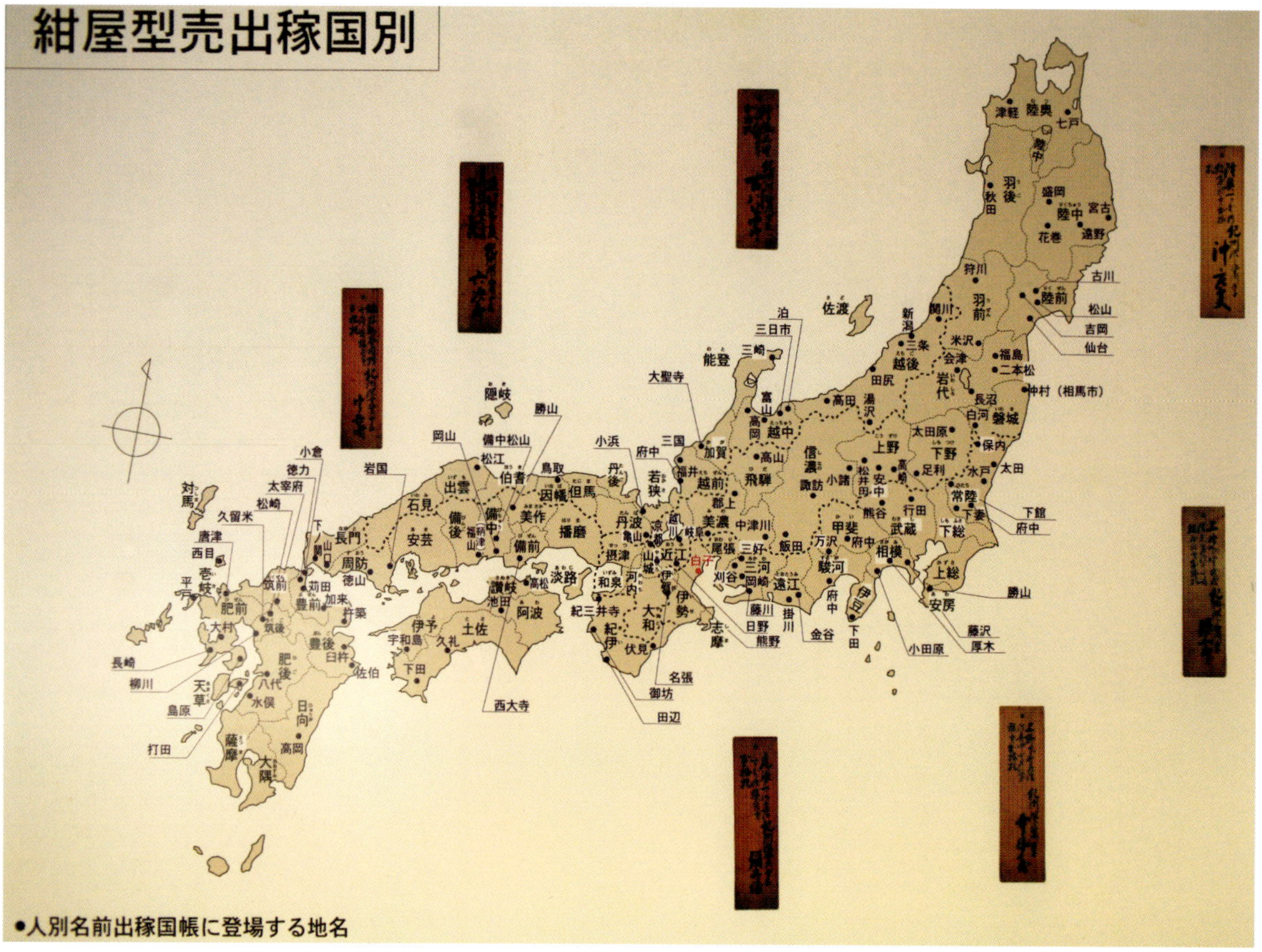

おける技術、売買におけるノウハウの流出を抑えるといった保護政策も導入されました。

　このような藩による手厚い庇護に加え、白子港が江戸に木綿を積み出す商業港であったことや、京阪地区に海産物を運ぶ交通の要所であったことも、白子・寺家地区の型紙産地化に拍車を掛けたと言われています。

裃（かみしも）の図柄が藩のシンボルに

　一方、江戸時代の寛永12年（1632）に発布された『武家諸法度』は、伊勢型紙の後の運命を決定づけました。

　この法度により各国大名は参勤交代を義務づけられ、その登城スタイルまでもが細かく規定されました。裃《かみしも》着用はいうに及ばず、その図柄までもが藩固有のものとする旨が織り込まれたといいます。このことは、裃の図柄が藩のシンボルとなることを意味し、各藩はこぞって図柄の意匠《いしょう》（デザイン）に工夫を凝らしました。そうして考案された図案は、いうまでもなく同一のものを大量にコピーする必要に迫られ、ますます型紙を用いた型染の需要が増大したのでした。

　この時期、すでに白子・寺家地区は型紙産業の独占特区の様を呈していたため、各藩からの注文が相次ぎ、『型紙』といえば『伊勢型紙』といわれる、不動の地位を確立しました。

図柄の多様化に伴い新しい彫刻技法が考案される

　また、各藩の新図案創作を皮切りに、さまざまな図柄が考案され、今日の江戸小紋にみられるような、極細の柄も生まれました。

　同時に、図柄の多様化に伴い、地紙を彫り抜くさまざまな彫刻技法も考案されました。古くより行われてきた、小刀一本で全てを彫り出す『突彫り（つきぼり）』に加え、微細な柄を短時間で効率良

04 **地紙**
美濃紙（手漉きの楮和紙）３〜４枚を、３年以上寝かせた柿渋で接着したもの。和紙は接着する際、強度を出すため、繊維が同一方向に並ばないよう、縦横交互に張り合わされる

05 **型紙**
紺屋にとって何より大事なのは型紙。火事や災害時には、紺屋はいの一番に型紙を持って避難したのだという

04

05

01 **道具彫りの道具類**
刃先が柄そのものの型に成形された道具彫りの小刀。こうした小刀も、型紙彫りの職人によって作られている

02 **錐彫りの道具類**
刃先が半円状に成形された小刀。刃先を型紙に当て、刃を半回転させて掘り抜く

03 **縞彫りの道具類**
縞を彫るための引き彫り用小刀。一見、突き彫りのものに似るが、刃渡りも柄もずっと短い。二枚刃のものもある

01

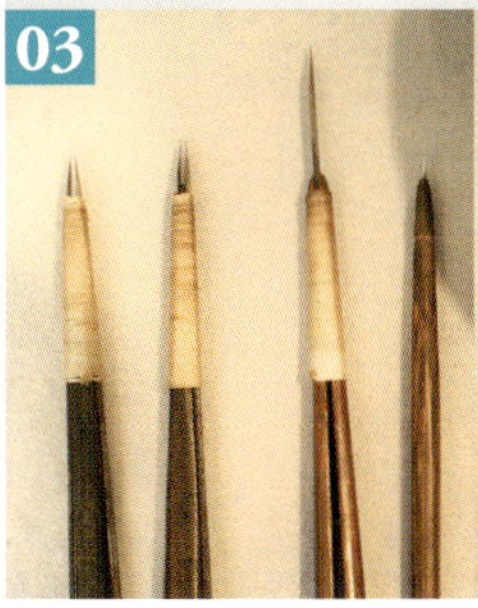
03

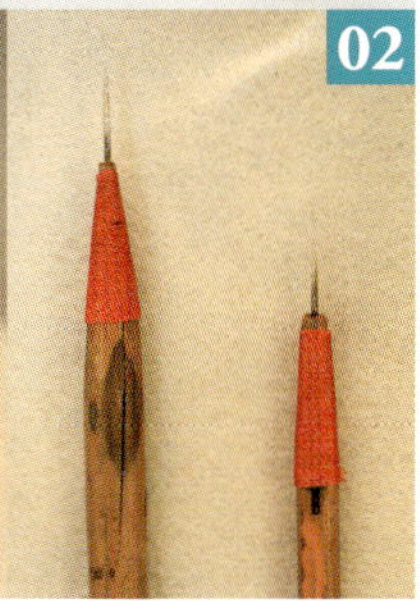
02

く彫り抜く技法および道具が開発されました。

　一つは『錐彫り（きりぼり）』と呼ばれるもので、刃先が小さな半円形をした小刀を用い、半回転させて小さな円を彫り抜く技法で、一つは『道具彫り（どうぐぼり）』と呼ばれ、刃先を小さな図柄そのものに成形し、それを根気よく突いて連続模様を完成させるというものでした。

　加えて鋼製の定規を用い、線を引くように縞を彫っていく『縞彫り（しまぼり）』といった技法も考案されました。

　また、図柄の微細化に伴って、型紙の切り取られた余白部分を補い、模様の欠損を防ぐ『糸入れ（いといれ）』と呼ばれる保護策も講じられました。後にこの保護策は、絹の網を漆で貼り付けて補強する『紗張り（しゃばり）』というものに変わっていきます。

　いずれにせよ、数限りない型紙の模様は、すべてこの四つの技法で彫り抜かれるのであり、千年以上の歴史に研ぎ澄まされた、技の真髄を宿しているものに違いありません。

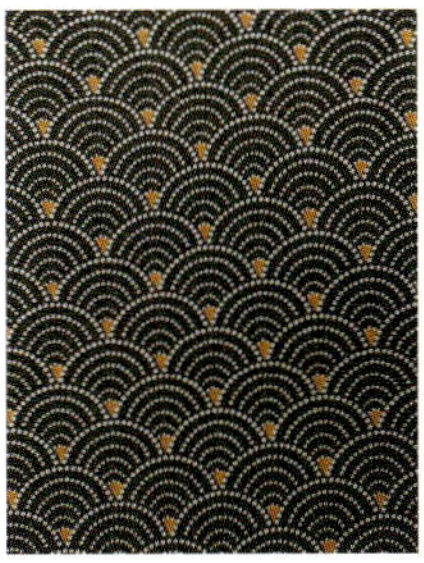

小紋の装い

周囲との調和を図り、自分らしい着こなしを楽しみたい

PART-3

photo(model)_Yukio Kogure,Kazutomo Nagasuka

きものに限らず装いには、それを着る目的があり、行き先（場所）があります。そこに集う相手を思い、自身の立場、周囲との調和を考えると、その場に相応しい装いが見えてきます。例えば、結婚式、披露宴に列席する時のきものの装いは、留袖、訪問着、振袖…とされていますが、洋服の方が多いインフォーマルな雰囲気の会場では、ワンピースやスーツのような感覚で着こなせる小紋の方が、自然に感じられたりします。

【参考文献・資料】

「KIMONO KITSUKE GUIDE-BOOK」荘司礼子 著　国際文化出版局発行

「着付の技＿かさね、あわせ、むすぶ。」荘司礼子 著　国際文化出版局発行

「着付の典＿かさね、あわせ、むすぶ。」荘司礼子 著　国際文化出版局発行

「すぐわかる 日本の伝統色」福田邦夫 著　東京美術 発行

「色の名前はどこからきたか＿その意味と文化」福田邦夫 著　青娥書房 発行

「色彩自由自在事典」末永蒼生 著　晶文社出版 発行

【撮影協力】セルリアンタワー東急ホテル（東京都渋谷区）

装いの格

装いには格があり、大まかにはフォーマル（正装、礼装～準礼装）、インフォーマル（略礼装、よそゆき）、カジュアル（ふだん着）に分類できます。小紋はインフォーマルなきものです。

三つ葉に極鮫の江戸小紋／三つ葉の葉の中に、極めて細かい鮫小紋を染めた深い紫地の江戸小紋です。衿元に伊達衿を入れ、帯も金地の袋帯を合わせたフォーマルな印象のコーディネイトです。

※1）地色が黒のものを「黒留袖」、黒以外を「色留袖」という。黒留袖はミセスの正装（第一礼装）、色留袖はミス、ミセスとも着用できる
※2）フォーマルなきものの「留袖」「振袖」「訪問着」は、模様が身頃や袖の縫い目で途切れず、まるで一枚の絵のように一続きに描かれる「絵羽模様」になっている

▼振袖（ミスの正装）※2

▼黒留袖（ミセスの正装）※1

▼訪問着（礼装）※2

▼訪問着（礼装）※2

▼色無地（正装～準礼装）

▼江戸小紋（準礼装～略礼装）※3

※3）裃柄の「江戸小紋」は、一ツ紋を付ければ格が上がり、一ツ紋付きの色無地と同格となり、準礼装として着用できる
※4）「付下げ」は仕立て上がった状態で文様が全て上を向き、また、絵羽模様に見えるように柄付けされている
※5）「小紋」はきもの全体に、同じパターンの模様が繰り返して柄付けされている
※6）「御召」は光沢のある織のきもの

▼付下げ（準礼装）※4

◀御召〈おめし〉※6
（略礼装～よそゆき）

▼小紋（略礼装～よそゆき）※5

▼紬（よそゆき～カジュアル）

▼小紋（よそゆき～カジュアル）

▼小紋（よそゆき～カジュアル）

※7）綿紅梅（めんこうばい）地に藍で型染めした浴衣。綿絽や綿紬、綿縮、絞りなど高級感のある浴衣なら、襦袢、足袋を着けて、夏のよそゆきとしても着こなせる

▼木綿 ※9
（カジュアル）

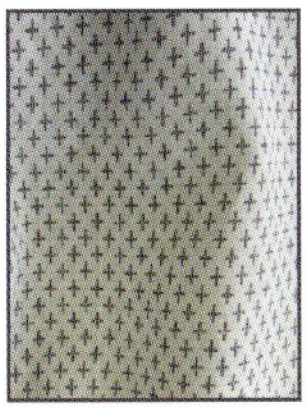

▼ウール ※9
（カジュアル）

▲上布（麻）※8
（よそゆき～カジュアル）

※8）さらりと涼しくシャリ感のある麻は、夏のきもの地の代表格。「上布」は麻織物の中でも上等なものの意
※9）「ウール」や「木綿」の織のきものは、ふだん着として気軽に着られる

▶浴衣（カジュアル）

◀浴衣 ※7
（よそゆき～カジュアル）

柄付け

鈴文様の飛び柄の小紋／小さな鈴文様を点々と配した、現代的な柄付けの小紋です。モダンな飛び柄の小紋は、洋服感覚ですっきりシャープに着こなせます。

小紋は、全体に同じ模様が繰り返して柄付けされている後染《あとぞめ》のきものの総称です。きもの全体に模様が柄付けされた「総柄《そうがら》」のきものですが、模様の大きさや配置によって、「江戸小紋」「飛《と》び柄《がら》の小紋」「付下《つけさ》げ小紋」などと呼び分けることもあります。

小紋は総柄のきもの　きもの全体に同じ模様が繰り返して柄付けされています

●小紋は、全体に模様がある「総柄」のきものです。よく見ると、同じ模様パターンが繰り返して柄付けされています。

●小紋は、型紙等を用いて、白生地に後から模様を染めた「染のきもの」です。訪問着や振袖など絵羽模様のきものと違って、反物の状態で模様を柄付けするので、仕立てた時に、縫い目で模様は繋がりません。

※ただし、柄をできるだけ合わせるように工夫して仕立てられています。

① 江戸小紋

細かい柄を一色染めした小紋。厳密には江戸時代からの伝統的な小紋染めの技法で染められたものをいう。江戸小紋の柄は、江戸時代の武士が着用した裃（かみしも）に由来する。

※柄の細かい裃（かみしも）柄の「江戸小紋」は、紋を付ければ格が上がり、準礼装として着用できます。

※「江戸小紋」の柄は極めて細かく、遠目にはほとんど無地に見えるほどなのですが、間近で見れば、「行儀」「鮫」「通し」「縞」などの幾何学模様をはじめ、「桜」「菊」「梅」「松」「竹」「千鳥」などの花木や鳥、「扇」「小槌」「分銅」といった身の回りの道具類を表わした柄もあり、大変バラエティ豊かです。

※「江戸小紋」は一色染めが基本ですが、近年は、二色以上で染めたものもあります。

② 飛び柄の小紋

柄が飛び飛びに柄付けされた小紋です。柄の配置の特徴から「飛び柄」の小紋といいます。

③ 付下げ小紋

きもの全体に柄があり（総柄）、さらにその柄が全て上を向くように柄付けされている小紋。

▼付下げ小紋

※「付下げ小紋」は、「付下げ」と「小紋」の2つのきものの特長を備えた小紋です。

※仕立てた時に柄が全て上を向くように、反物の状態で柄の付け方を工夫して柄付けしたきものを「付下げ」といいます。「付下げ」のきものは、仕立てた時に、きもの全体の模様が、絵羽模様の訪問着のように柄付けされています。

※「付下げ小紋」は小紋のようにきもの全体に柄があり、さらにその柄が全て上向きの「付下げ模様」になっています。

▲付下げ

染め色

小紋というと柄のイメージがありますが、実際には柄の細かい一色染めの江戸小紋をはじめ、地色の印象が強いものも多く、小紋には、「色」で選び、「色」を楽しむ、という着こなし方もあります。

絽の江戸小紋／薄く透ける盛夏のきもの地「絽」の表と裏に、淡く薄い色彩で小紋柄を染めた江戸小紋の装いです。袖口や裾からのぞく裏の淡い藍色が涼しげで、帯〆のブルーも爽やかです。

江戸小紋の染め色　伝統的な色には「朱」「茶」「紫」「藍」「鼠」などがあります

茶色（ちゃいろ）

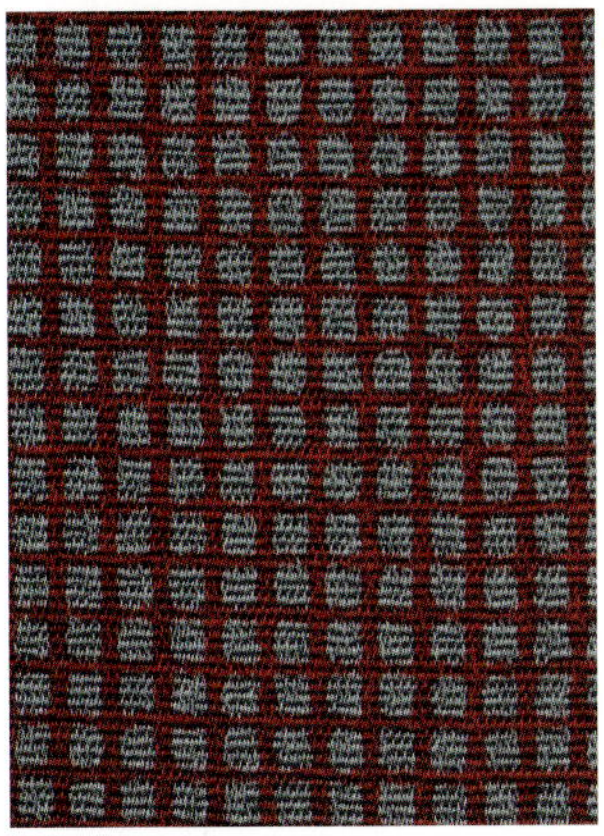

「茶色」は自然の中にあふれた色であり、日本の伝統色としても、俗に「四十八茶」といわれる程、種類が豊富です。江戸時代には、人気の歌舞伎役者が舞台で「茶色」を着たことから、「路考茶」「団十郎茶」「梅幸茶」「芝翫茶」など、様々な茶色が粋な渋好みの色として大流行しました。

◀「通し柄」の地色を茶色で、目色を緑みのねずみ色（灰色）で染めた江戸小紋

朱色（しゅいろ）

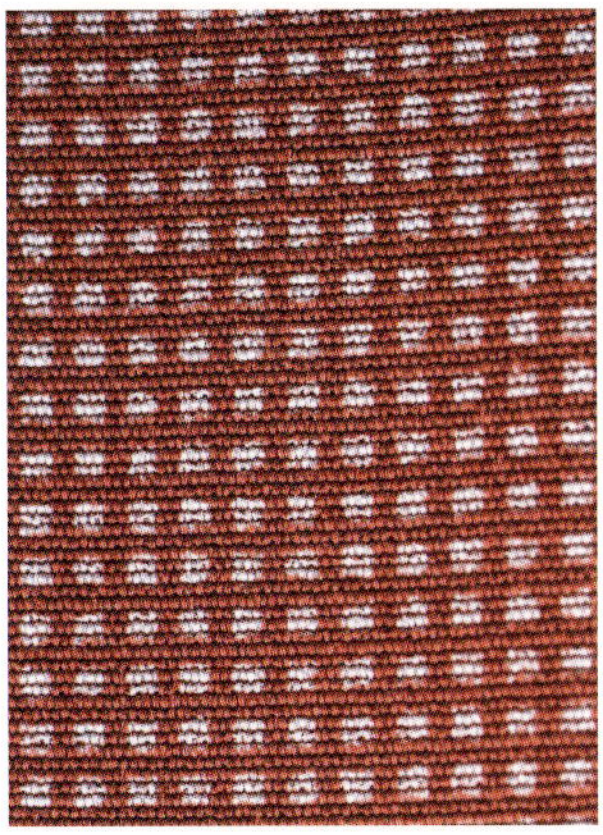

「朱色」は赤と橙（だいだい）の中間色、赤味の強いオレンジ色で、日本の伝統的な工芸品である朱塗りの漆器の色に代表されます。飛鳥～奈良時代に中国から伝えられ、日本の伝統色として定着しました。系統の似た色に、「丹色」「柿色」などがあります。

◀「通し柄」を白く染め抜いた、朱色の江戸小紋。地色を一色で染め、目色（柄の部分）を白く染め残すのは、江戸小紋の色の特長の一つ

藍色（あいいろ）

天然の「藍」による藍染めでは、布を藍瓶（あいがめ）に浸けて取り出し、空気に触れさせて発色させます。この繰り返しで、藍は段々に濃く染まります。「藍色」は、その濃さによって、薄い方から順に、「瓶のぞき」「浅葱（あさぎ）色」「縹（はなだ）色」「藍色」「紺色」「濃紺」などと呼び分けられ、中でも「縹色」は、日本を象徴する色として、欧米ではジャパンブルーと呼ばれています。

◀藍で染めた江戸小紋

紫色（むらさきいろ）

古来より日本では、「紫色」は高貴の色とされてきました。日本の伝統色の中でも紫ほど多様な色名を持つ色はありません。「すみれ色」「ききょう色」「藤色」「りんどう色」など花々の色に例えた呼称をはじめ、「濃色」「薄色」と色の濃淡のみでも紫を表し、彩度を落として中間色とした紫を「滅紫（けしむらさき）」と呼ぶなど平安時代には既に、体系的な色名表現が確立していました。

◀ 濃い紫色の江戸小紋

桜色（さくらいろ）

日本の色は染色で色名を表わすものが多く、濃い色ほど染料を多量に使い、染色の工程にも手間が掛かるため、白を例外として濃い色ほど高級な色とされるのが一般的です。その中で、日本人が古来より愛してきた桜の花の色である「桜色」は、淡く薄い色でありながら、今日に至るまで永く愛され続けています。

◀ 薄く透ける絽(ろ)の生地の、表を「桜色」で、裏を薄い「浅葱色」で染めた江戸小紋

鼠色（ねずみいろ）

白と黒の間の無彩色を、英語ではグレイ（Grey,Gray）、日本語では「灰色」「鼠色」「薄墨色（うすずみいろ）」などと呼んでいます。また、有彩色に鼠色を含んだ色は「浅葱鼠（あさぎねず）」「利久鼠（りきゅうねず）」「藤鼠（ふじねず）」「灰桜（はいざくら）」などと、鼠や灰を付けて呼び表わし、「四十八茶百鼠」といわれる程、様々な種類がありました。

◀ 柄部分を鼠色で染めた「むじな菊」文様の江戸小紋

帯合わせ

小紋には、留袖に合わせる最高格の帯（佐賀錦、唐織など）を除き、袋帯、なごや帯、半幅帯など、ほとんどの帯が合わせられます。また、お太鼓だけでなく、文庫、後見、角出しなど、帯結びで装いの印象を変化させる楽しみもあります。

毛万筋の江戸小紋／一ツ紋付き毛万筋の江戸小紋。セミフォーマルにふさわしい格調を大切にしながらも、帯をやや下目にゆったり締め、おはしょりはきもの地の風合いをふっくらと残すなど、雰囲気のある着付で、さり気なく個性を演出しています。

なごや帯　帯幅・約30cm、帯丈・約３m60cmで二重太鼓には結べません

小紋には、軽くて締めやすい「なごや帯」がベストな組み合わせ。種類も、セミフォーマルからカジュアルまで幅広く、文様も多彩です。金糸銀糸で格調高い文様を織り出した帯、綴れの帯なら、付下げや訪問着などセミフォーマルにも締められます（ただし、帯丈が短いので二重太鼓には結べず、正式な席には向きません）。個性的でカジュアルな印象の小紋なら、織の帯よりぐっとくだけた印象の「染めのなごや帯」もよく似合います。

◀格調高い有職文様を配したなごや帯

◀絞り染めで文様を表わした染めのなごや帯

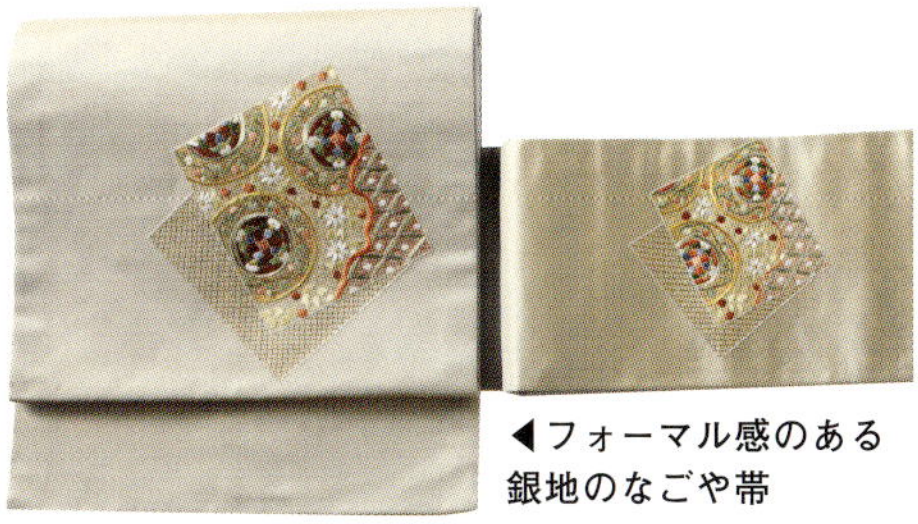

◀フォーマル感のある銀地のなごや帯

◀「波に帆」文様に、海辺の松が描かれている

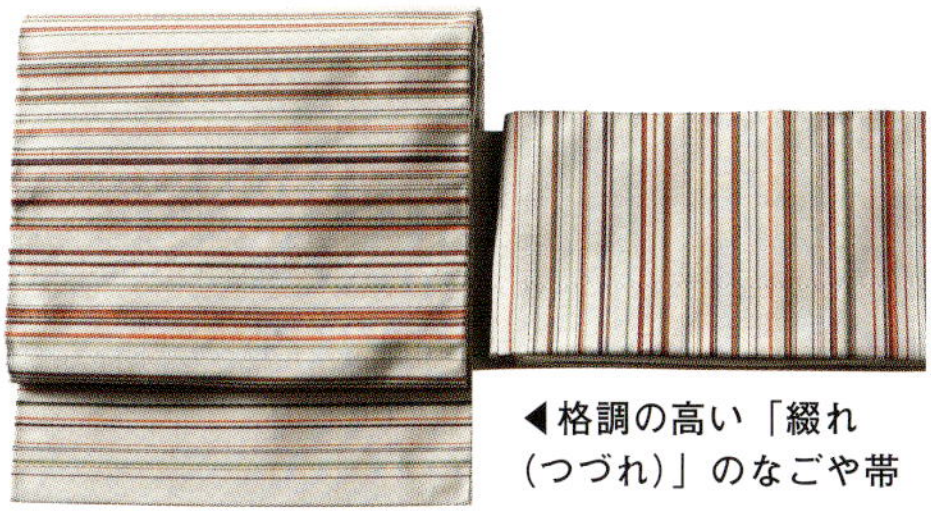

◀格調の高い「綴れ（つづれ）」のなごや帯

※「なごや帯」は一般に、テ先と胴に回す部分は半幅に、お太鼓部分は帯幅30㎝位に仕立てられています（なごや仕立て）。中には、帯全体を帯幅に仕立てたもの（開きなごや、額縁仕立て）や、テ先のみを半幅に綴じたものもあります（松葉仕立て）。仕立て上がりの帯丈は約３ｍ60㎝です。

半幅帯（はんはばおび）

帯幅が普通の帯の半分程度（約15cm前後）の帯

圧迫感がなく、とっても楽な半幅帯。ふだん着や気軽なお出掛けに、サッと簡単に結べて便利です。

▲帯柄も素材もいろいろな半幅帯

※帯幅が狭い「半幅帯」は締めていて圧迫感がなく、帯枕や帯板もいらないので、車などでの移動時にも負担にならず楽です。上に羽織を着る時に、お太鼓を省略して半幅にすることもあります。袋帯のちょうど半分位の幅なので、半幅と呼ばれます。

袋帯（ふくろおび）

帯幅は約30cmで二重太鼓に結べる長さがあります

なごや帯よりもフォーマル度の高い「袋帯」を合わせれば、装い全体の格が上がります。

◀金糸銀糸で文様を織り出した重厚感のある袋帯

◀濃い紺地に麦の穂の文様を織り出した袋帯

※「袋帯」は、留袖、振袖、訪問着、付下げなどフォーマルな装いに合わせる帯です。帯丈は約4m20cm～4m40cm位あります。

帯の色調

合わせる帯の色調で、装い全体のイメージは変化します。メリハリのきいた色の組み合わせは、和の伝統的な配色で、お互いを鮮やかに引き立たせる効果があります。色のトーンを揃えて同系色でまとめるとモダンな印象になります。

格通しの江戸小紋／同じきものでも、帯や帯揚げ、帯〆、草履を変えると、装いの印象と格調が変化します。

光沢のある「練色《ねりいろ》（オフホワイト）」の絞りの小紋

①黒地の帯を合わせてメリハリを効かせたコーディネイト

②白地の帯を合わせ、優しくスッキリとモダンな印象に…

①「白」と「黒」。明度の差が最も大きい組み合わせです。反対色、補色関係にある色の組み合わせは、和の伝統的な配色ですので、クラシックな印象になります。帯〆や帯揚げの色は、着物や帯に使われている色を選ぶと、しっくりとまとまります。

②「白」と「白」。きものと帯の色調を同系色でまとめました。帯で胴回りが切断されないので、スッキリとした印象になります。濃い紅色の帯〆を合わせて、全身を引き締めました。

コーディネイトに迷った時は、きものの地色や柄に使われている色を、帯の地色や、帯〆、帯揚げの色に選ぶとスッキリまとまります。色のトーン（濃淡や明暗）を変化させると、全体の印象が変化します

「江戸鼠《えどねず》」地の松葉文様の小紋

①帯の色調を、きものの地色に揃えて

きものの地色と同系の帯を合わせた、シックな装いです。帯〆の色は、きものの柄にポイント的に使われている淡いグリーンを選びました。

②きものの柄にある薄いピンクの帯を合わせて

①と同様に、帯、帯〆、帯揚げとも、きものに使われている色でコーディネイトしていますが、帯地の色が淡いピンクなので、全体に優しく明るい印象になります。

「藤鼠《ふじねず》」色の江戸小紋

①白地の帯を合わせてソフトな印象に

②灰紫地の帯を合わせてシックな印象に

帯の文様

小紋と帯の文様の、季節を合わせたり、文様を揃えたり、小紋と帯の文様の組み合わせで装い全体にテーマ性をもたせたり…。合わせる帯の文様にも凝ってみると、小紋を着こなす楽しみがもっと広がります。

唐辛子柄の小紋／小さな唐辛子文様を全体に染めた、遊び心のある楽しい小紋です。唐辛子の形と色をイメージさせる抽象的な文様が描かれた染めのなごや帯を合わせてみました。帯〆の色も唐辛子色に…。

文様の組み合わせでテーマ性をもたせる

小桜柄の江戸小紋 × 浮世絵文様の綴れ織のなごや帯

「お花見」のイメージで、小桜柄の小紋に、江戸時代元禄の頃の歌舞伎風俗が描かれた浮世絵柄のなごや帯をコーディネイト。

小紋と帯の文様を揃える

椿文様の小紋 × 椿文様の綴れ織のなごや帯

「椿」の小紋に「椿」の帯をコーディネイト。
同じ文様を組み合わせる場合は、柄ゆきが単調にならないように、文様の大きさやデザインで変化をつけるとよいでしょう。

帯の文様のモチーフは多彩で、ユニークなデザインも多い

◀古代エジプト模様を織り出したなごや帯

▶野菜の蕪をお太鼓部分いっぱいに描いたユニークなデザインの染めのなごや

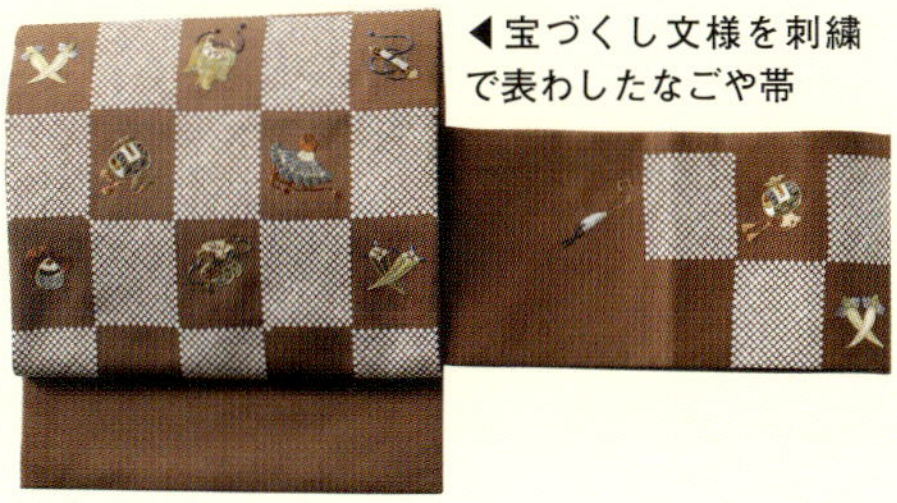

◀宝づくし文様を刺繍で表わしたなごや帯

小紋の柄に季節を合わせる

稲穂文様の小紋 × 葡萄文様の染めなごや

実りの秋を感じさせる「稲穂」と「葡萄」のコーディネイト。焦げ茶と黄金色の組み合わせも秋らしい、小紋の装いです。

季節

四季を通じて形がほぼ一定のきものは、生地素材や仕立て方で季節を着分けます。さらに、文様や色で季節感を表わします。日本独特の更衣《ころもがえ》の習慣は、きものに残っています。

氷裂文の絽の小紋／白地に、氷が割れた時にできるひび割れを文様にした「氷裂文（ひょうれつもん）」を染めた涼しげな絽の小紋。盛夏のきものや帯には、雪輪や氷、秋草、秋の虫など、秋や冬を連想させ、涼しさを感じるような文様が用いられます。蒸し暑い日本の夏を、せめて見た目だけでも涼やかに過ごそうとする昔の日本人の、洒落た工夫が伝わってきます。

季節による着分け　きものの仕立てには、袷（あわせ）と単（ひとえ）があります

薄物《うすもの》　盛夏（7月～8月）

盛夏には「薄物」を着ます。裏地がなく、薄く透けた生地のきものです。

盛夏のきもの地は、絽（ろ）、紗（しゃ）、羅（ら）や、麻、上布（じょうふ）、芭蕉布（ばしょうふ）など、肌触りがサラリとして薄く透ける素材となります。帯も小物も、夏用のものを用います。帯は絽、紗、麻、羅など、帯揚げは絽、紋紗、紗、帯〆は袷用のものでも構いませんが、レース組の涼しげなものもあります。長襦袢も絽や麻となり、半衿も絽塩瀬（ろしおぜ）や麻になります。

袷《あわせ》　秋から春（10月～5月）

秋から春にかけては「袷」を着ます。裏地のついたきものです。

「袷（あわせ）」は、裏地をつけて仕立てたきもので、裏側の胴部分には胴裏（どうら）を、裾には裾まわし／八掛（はっかけ）をつけます。

袷仕立てのきものは、10月～5月にかけて長く着られます。季節に関係なく着こなしたいなら、あまり季節感を感じさせない柄を選ぶとよいでしょう。

単衣《ひとえ》　初夏と初秋（6月・9月）

季節の変わり目、6月と9月には「単衣」を着ます。裏地のないきものです。

6月の単衣は、夏へと向かうきものです。半衿や帯揚げを絽に変えるなど、小物からだんだんに夏支度を始めましょう。

9月の単衣は、秋、そして冬へと向かうきものです。半衿や帯揚げを袷用のものに変えるなど、装いに秋の趣を加えていきます。

更衣（ころもがえ）という習慣

更衣の習慣は、すでに平安時代に見られます。宮中では、四月一日に夏装束、十月一日に冬装束に着替え、衣服によって一斉に季節感を表わしました。

その後、武家や庶民の間にも広まり、室町幕府の武家故実を記した『宗五大艸紙《そうごだいそうし》』（一五二八、伊勢貞頼著）には、「三月中は袷に薄小袖。四月朔日《ついたち》より袷を着候…〈中略〉…五月五日より男衆は帷《かたびら》、女中は殿中には生絹《すずし》裏の練貫《ねりぬき》をめし候、御腰巻きも生絹裏、六月朔日より七月中帷《かたびら》をめし候。…」などと、更衣の期日が詳細に記されています。

日本の伝統衣装であるきものには、この更衣の習慣が残っており、また制服は六月と十月に一斉に更衣が行われます。

著者プロフィール

荘司 礼子 Reiko Shoji

国際文化理容美容専門学校 卒業。武市昌子に師事。
国際文化理容美容専門学校渋谷校 校長。学校法人国際文化学園 理容美容技術研究所 所長。
衣紋道髙倉流 東京道場 会頭。全日本婚礼美容家協会 師範講師。百日草花粧会 師範講師。
日本エステティック協会 理事長。I.C.D 世界美容家協会 会員。
＊著書に、「着付の技」「着付の典」「KIMONO KITSUKE GUIDE-BOOK」（国際文化出版局）「77 の帯結び」（新美容出版）、監修書に「着つけと帯結び」（成美堂出版）などがある。

■企画・解説・コーディネイト／荘司 礼子

■制作／㈻国際文化学園 国際文化出版局
編集：篠原 博昭
撮影・編集：田口 淳一
デザイン・編集・DTP：斎藤 久子

■技術スタッフ／㈻国際文化学園 理容美容技術研究所
山田 はるみ、岡田 満理、佐藤 美奈子、本田 千恵、新屋敷 加代子、
土田 みゆき、林 奈美、一瀬 康子、矢島 桃子、山田 美樹、鳥井有希子

■モデル撮影／小暮 幸男（撮影頁：3,9,18,24,28,37,39,41,45,49,51,55,59-81,85,99,100,104-113）
長須賀 一智（撮影頁：20,22,26,30,32,34,43,47,53,57,83,87,89,102）

■モデル／夏川はるみ (p.3~)、尾上千秋 (p.18~)、怜花 (p.20~)、松永沙由里 (p.22~)、平川由梨 (p.28~)、梓 (p.30~)
マリエスタ (p.39~)、岸史子 (p.43~)、まりの (p.45~)、太田まゆみ (p.67~) ※本誌掲載順

おでかけキモノ小紋

2007 年 12 月 1 日　初版第 1 刷発行

著者	荘司 礼子
発行人	平野 徹
編集人	斎藤 久子
発行	㈻国際文化学園 国際文化出版局
印刷・製本	凸版印刷株式会社

● 造本には万全を期しておりますが、万一、落丁・乱丁本などがございましたら、送料小社負担にてお取り替えいたします。お手数ですが、(学) 国際文化学園 国際文化出版局まで、ご返送またはご連絡下さい。
● 本書の内容、その他に関するご質問は、お電話、ファックス、e メール、郵便にてお願いいたします。ご質問の内容によりましては、しばらくお時間をいただく場合がございます。あらかじめご了承下さい。

【本書に関するお問い合わせ先】
㈻国際文化学園 国際文化出版局
〒150-0045　東京都渋谷区神泉町５－３
（直通）☎ 03-3462-1448　FAX 03-5459-7136
〈e-mail〉 siryokan@kokusaibunka.ac.jp

www.kokusaibunka.com